마임 노트

몸-가난한 풍요

마임노트

—

몸-가난한 풍요

이두성 지음

도서출판 ┃동인

한 사람은 우주, 한 작가는 장르

오래전 신문의 서평에서 본 글귀입니다. 여기에 '배우'라는 단어를 넣어서 마음에 간직합니다. '배우 한 사람은 우주이며, 고유한 장르'...

저는 삼십여 년간 마임 배우(마임이스트), 연극배우, 1인극 배우, 인형극 배우, 연기 강사, 문화 예술 교육 강사, 연기 움직임 교수 등으로 공연예술계에 몸담고 있습니다. 그렇지만 공연자로서는 부족한 예술성으로, 교육자로서는 미흡한 철학으로, 늘 부끄럽습니다. 무언가를 채우는 것에 급급하고 결핍에 시달립니다. 폭넓으면서도 전문적이고, 매력적이며 영적이고자 하는 욕구에 부대낍니다.

이삼십 대 때는 멋진 배우가 되고 싶었습니다. 사십 대에는 예술혼을 불태우고 싶었고, 오십 대에는 걸작을 하나 만들어내고 싶었습니다.

그 어느 것에도 도달하지 못했습니다. 이로 인한 불안감, 우울감이 점차 저를 집어삼킵니다. 이제 육십 대를 맞습니다. 환갑. 다시 시작하는 마음으로 마무리하며 정직하게 스스로를 바라보고자 합니다.

지금으로부터 약 30년 전, 한국마임협의회에 소속된 후 본격적으로 마임 활동을 시작했습니다. 한국 마임 1세대를 대표하는 유진규 선생을 대학극에서 만나 자연스럽게 관심을 갖기 시작했지요. 신체 훈련 및 마임 워크숍 등에 꾸준히 참여하며 저의 작품과 동작에는 마임의 요소가 스며들고 있었습니다. 하지만 마임협의회에 들어가기 전까지 마임으로 공연을 창작하거나 발표한 적은 없었습니다.

유진규 선생이 한국마임협의회에 들어와서 활동하자고 했을 때 무척 기뻤습니다. 저의 공연을 인정해주고 함께 공연할 터를 마련해주었기 때문이지요. 그런데 한편으로는 염려스러웠습니다. 마임은 서구적인 장르인데 민속극, 굿, 인형극으로 작품을 만들어 공연하고 싶었던 제가 마임협의회에 들어가는 것이 어색하게 느껴졌습니다. 하지만 혼자 공연하는 것이 외로웠고, 단체 속에서 함께 일하며 한국적인 소재와 형식을 조금 더 세련된 몸짓으로 형상화하고 싶었습니다.

한국마임협의회 회원이 된 후 저의 공연은 마임으로 불리기 시작했습니다. 그러나 마임에 관한 깊은 탐구가 없었기에 무척 당황스러웠습니다. 「새·새·새」 공연은 연극에 바탕을 둔 1인 몸짓 실험극입니다. 이를 마임으로 설명하려니 난감했습니다. 그래서 대사가 없는 몸짓 공연을 만들려고 시도하는데 자꾸 갈등이 생겼습니다. 시적 대사와 몸짓이 어우러지는 공연 욕망과 말 없는 몸짓만의 공연을 만들어야 한다는 욕구가 매번 충돌했습니다. 이를 기점으로 마임에 관한 자료를 모으며 비로소 연구를 시작하였습니다.

마임은 무엇일까요?

마임의 기원부터 용어와 정의, 훈련 과정, 공연 등을 정리해 보았습니다. 부족한 점이 많습니다. 저와 관련된 사례나 고백은 온전히 허물을 드러내지 못하고, 미화된 부분 또한 적지 않습니다. 그럼에도 불구하고 그동안 고민하고 모색한 자료들을 노트의 형식으로 공유하고자 합니다.

『마임노트』는,

한 배우가 자신의 정체성에 대해 고민하고 찾아가는 여정입니다. 그리고 경험한 과제들을 조금씩 해결해 나가는 과정입니다. 더불어 여러 방면으로 모색한 몸부림입니다.

저에게 마임은 치유에 대한 희망이며, 소생의 의지입니다. 그리고 움직임에 정성을 다하며, 역동적인 교감을 추구하는 인간성의 몸짓입니다.

몸.

예술, 철학, 문화, 교육, 정치 등 인간의 모든 것은 몸을 돌보는 것이 아닐까요?

몸은 죽은 혹은 잠자는 몸, 자기애적인 자아(自我)의 몸, 타자(他者)를 품는 타아(他我)의 몸, 궁극적인 마음인 무아(無我)의 몸 등이 있습니다. 이러한 몸의 구분을 아래와 같이 4사분면으로, 자는 몸, 반응하는 몸, 욕망하는 몸, 생명을 살리는 몸으로 다시금 인식해 보고자 합니다.[1]

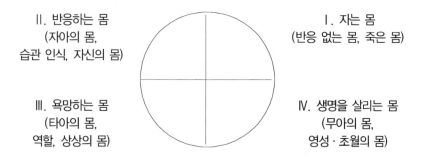

II. 반응하는 몸
(자아의 몸,
습관 인식, 자신의 몸)

I. 자는 몸
(반응 없는 몸, 죽은 몸)

III. 욕망하는 몸
(타아의 몸,
역할, 상상의 몸)

IV. 생명을 살리는 몸
(무아의 몸,
영성 · 초월의 몸)

몸은 타자와 함께 더불어 사는 삶입니다. 우리의 몸이 생명을 살리며, 함께 살아가는 '엄마'의 몸이 되어, 자신의 한계를 극복하고 초월하여 영원으로 나아가는 몸이 되길 소원합니다.

---

[1] 켄 윌버, p. 250 참조.

돌아보면 저의 공연 활동은 끝없는 자기 결핍과 마주함이었고, 자신을 스스로 부정하는 과정이었습니다. 이 때문에 자기 자신을 마주 대하고 직시하는 공부가 절실했습니다. 이때 과거의 기억이야말로 미래를 위한 새로운 차이를 만들어낼 수 있는 기초가 되어주곤 했습니다.[2] 저는 앞으로도 끊임없이 변화하는 창조성과 하나가 되고자 합니다. 영원한 현재 안에서 창조, 지속적인 발현, 변화하는 우주를 표현할 수 있게 되길, 신성한 창조에 참여할 수 있길 염원합니다.

이 『마임노트』는
"인간 본성은 역동적이며 항상 변화한다"[3]라는 것을 근본으로 삼고 이를 나누었으면 합니다.

배우들이
자신의 정체성에 매달려 있기보다는
매 순간 자신을 열어놓고
그 순간이 가져다주는 새로운 자기 자신을 경험하는 데
작은 도움이 되길 진정 기원합니다.

머리말을 맺으며 아래와 같이 낭송합니다.

나는 우주이며, 한 장르이다

---

[2] 황수영, p. 305.
[3] 돈리처드 리스, 러스 허드슨, p. 241, 273 인용 및 참조.

차 례

■ 머리말 ― 5

1   **마임의 기원** __ 13

2   **마임의 용어: 마임과 판토마임의 용어에 관하여** __ 17

3   **마임의 경계: 연극과 무용과의 관계** __ 29

4   **마임의 언어** __ 37

    1) 판토마임 … 41
    2) 코포럴마임 … 61
    3) 총체적 마임 … 103
    4) 무용 마임 … 120

5   **마임의 영향** __ 147

덧붙임 1   한국 현대 마임의 형성 배경과 마임 배우에 관한 소고 ············· 161

덧붙임 2   마임을 통해서 바라본 배우의 본성 확장: ······························· 187
           양식화 연기에 관한 소론

■ 마임 서적 소개 ― 235
■ 참고문헌 ― 239

1

마임의 기원

마임(mime)이란 무엇일까요?

이 커다란 질문에 대한 첫걸음으로 먼저 마임의 기원(起源)에 대해 살펴보겠습니다.

현생 인류와 같은 호모 사피엔스(Homo sapiens) 종은 약 10~50만 년 전 지구상에 출현하였습니다. 그 최초의 인간들 몸짓 하나하나가 바로 마임의 기원이 되겠습니다. 문헌을 들여다보면, 마임의 기원은 '공연의 본능적 기원'[1]과 맥을 같이 합니다. 모든 포유동물 특히 진화된 영장류는 주변 환경을 탐험하고, 자기 능력과 한계를 실험하며 놀이합니다. 또한, 이성 간의 교배 기간에는 춤과 같은 본능적인 몸짓을 하는데, 마임

---

[1] 글렌 윌슨, pp. 31-46 참조.

은 이러한 영장류의 주변 인식과 놀이, 교배 기간의 몸짓 등에서부터 유추할 수 있는 인류의 보편적인 표현 예술이라 하겠습니다. 파충류나 조류에서도 예술의 기원을 확인할 수 있습니다. 수컷 개구리는 저음으로 소리를 낼수록 암컷과 교미할 수 있는 확률이 높습니다. 그런데 그 저음의 개구리 소리는 땅을 진동시키고 개구리의 천적인 뱀이 쉽게 알아차립니다. 그럼에도 불구하고 수컷 개구리는 개골개골 저음으로 노래합니다. 또한, 수컷 공작새는 독수리의 눈에 쉽게 띔에도 불구하고, 자기 깃털을 아름답게 치장하며 암컷 공작새와의 사랑을 위해 춤을 춥니다. 결국 개구리나 공작새에게 있어서 예술은 생명 그 자체입니다.[2]

인간은 언어가 존재하지 않았던 시기에도 의사전달을 위해 쉽게 파악할 수 있는 몸짓을 사용했을 것이며, 그 밖에 동물의 울음이나 자연의 음향을 모방하는 과정에서 그들의 동작은 더욱 강화되었을 것입니다. 최초에는 단순한 감정표현이나 단편적인 의사전달을 위해 썼던 제스처(gesture)는 점차 어떤 의미를 전해주거나 구체적인 정보를 알려주는 수단이 됨으로써 원시적 공연 형태가 탄생하였으며, 이러한 원시 공연은 육체 언어로서의 본질을 확고히 합니다.[3] 이렇듯 인간 욕구의 몸짓은 연극, 무용, 마임 등 모든 공연예술의 기원입니다.

원시사회의 사람들에게 있어서 공연예술의 기원이 되는 몸짓은, 장식적이고 부수적인 활동이 아니라 그들의 생존 유지에 필수 불가결한 의

---

[2] 최재천.
[3] 허영일, p. 14 참조.

식행위였습니다. 라 메리(La Meri)는 모든 민족무용[4]의 근원적 동기를 크게 숭배의식, 교육, 건강, 일, 전쟁, 교배(짝짓기) 등으로 보았습니다. 여기서 민족무용은 대화의 수단이 되는 종교적 의식의 기능과 밀접하게, 신이나 자연과 교류하는 육체 언어로의 기능을 하게 됩니다.[5] 이러한 주술적이며 의식적이고 상징적인 육체표현은 인류의 보편적인 몸짓으로서, 마임의 가장 원형적인 형상입니다.

연극의 기원 역시 '하나의 행위로서의 연극이 아니라, 인간이 자연과 융화하고자 할 때의 필연적 욕구 내지는 기원(祈願)으로의 몸짓'[6]에서 비롯되었습니다. 인간은 생존을 유지하기 위하여 자연을 신성시하고, 이를 위한 근원적 활력을 바탕으로, 자연의 위력을 자신의 것으로 하기 위해 해와 달, 바람과 바다를 자기와 비슷한 존재로 의인화합니다. 또한, 인간은 생존 수단을 확보하기 위해 동물로 가장합니다. 동물의 가죽 또는 탈을 덮어쓴 자를 화살로 넘어뜨리는 상징적 시늉은 인간 자신의 성과를 사전에 보상받으려는 사냥 의식입니다.[7] 이러한 원시적 충동의 몸짓은 근원적 의미로 마임입니다. 그것은 점차 제의로 발전하였습니다.

---

[4] 허영일, pp. 15-166 참조. 라 메리(La Mari)는 미국의 무용학자로 민족무용(Ethnic Dance)을 "특정한 국가나 지역에서 하나의 문화적 전승으로서 연행되는 전통무용을 지칭하는 용어"라고 정의한다. "민족무용의 개념은 특정한 민족 혹은 종족의 전형적인 무용표현이나 대중적인 무용표현 안에서 성장한 토착적인 무용 예술이라고 정의될 수 있다. 이것은 모든 인간의 근본적이고 보편적인 심성을 이해할 수 있게 할 뿐 아니라, 더 나아가 인종적, 문화적 차이를 극복하여 인류 전체의 내면적 동질성을 인식하는 계기를 제공한다."

[5] 허영일, pp. 13-14 참조.

[6] 여석기, p. 1.

[7] 여석기, pp. 1-2.

이러한 제의는 일정한 행동 양식을 지니고, 커다란 역사적 사건을 회상하거나, 인간에게 중요한 가치를 확인하기 위해 거행되었습니다. 이후 점차로 제의는 극장예술화가 되었습니다.[8]

장 베르데이(Jean Verdeil)[9]는 인간에게서 스스로를 변화시키는 능력과 본능에 주목하고, 이것을 '연극본능'이라 선언합니다. 그는 인간의 연극본능을 결부시켜 연극은 종교로부터 나왔다는 주장을 뒤집고, 오히려 종교가 연극으로부터 유래되었다는 화두를 던집니다. 연극적인 행위는 샤머니즘이나 디오니소스 교에서 하듯 자신에 대한 또 다른 차원으로 접근하기 위한 수단이며, 인간 안에 깃들어 있는 신성함과 만나는 방법이기 때문입니다.

이러한 연극본능의 행위는 무엇일까요? 앞서 언급한 것처럼 원시인들은 사냥을 떠나기 전에 자신을 보호해 주는 동물이나, 사냥할 동물을 흉내 내며 교감하고, 또한 몸짓으로 용감한 전사의 이야기를 전하며 그들의 영혼과 공명했을 것입니다. 이러한 행위가 바로 연극본능의 시원입니다.

이에 따르면 특수하고 독특하게 분화된 모든 민족의 민속적, 전통적 몸짓 표현이 다 마임 언어의 바탕이 됩니다. 즉 마임의 기원은 언어 이전의 선사시대부터 전해 내려오는 본능적 몸짓이며, 원시적 제스처인 연극본능의 시원적 행위라 하겠습니다. 마임은 인간이 태초부터 현재까지 표현하는 포괄적 양식의 몸짓인 것입니다.

---

[8] 글렌 윌슨, pp. 40-41.

[9] 프랑스 리용 2 대학 연극학과 교수. 그는 한국연극학회 추계국제학술 심포지엄에서(2001년 11월 7일), 아시아권 연극의 현황과 정체성에 관한 주제발표로 <유럽과 아시아 연극의 인류학적 접근>을 발표. 이 논문에서 연극의 기원이 종교가 아니고 연극본능임을 서술.

2

마임의 용어
마임과 판토마임의 용어에 관하여

다음으로 마임 용어에 관해 자세히 알아보겠습니다.

언어가 존재하기 전에 이미 몸짓이 있었던 것처럼, 마임이라는 용어가 있기 전에 마임은 이미 존재해왔습니다. 마임은 동서양을 불문하고 인간의 습성에서 나온 연극본능의 시원적 행위이자, 원초적 생명력으로서의 몸짓입니다. 이러한 뜻을 지닌 마임이라는 용어는 지역마다 다양하게 존재했을 것입니다. 하지만 안타깝게도 오늘날 서구 중심의 세계관으로 인해 몸짓을 일컫는 민족마다의 다양한 단어들은 알려지기도 전에 마임이라는 용어로 통합되고 있습니다.

    우리나라를 포함한 동양에서는 모든 제의 및 공연 분야에서 마임의
요소를 쉽게 찾아볼 수 있습니다.[1] 하지만, 동양의 공연예술은 총체적으
로 발전하였기 때문에 마임에 해당하는 적합한 용어를 찾기란 쉽지 않습
니다. 한 시인은 저의 마임 공연을 감상한 후 '춤 참 좋았습니다'라고 말
한 적이 있습니다. 그때 저는 마임을 춤이라고 한 시인의 말에서, 춤이라
는 우리말이 움직임·몸짓이라는 말을 내포하고 있음을 다시 한번 확인
할 수 있었고, 매우 감사했습니다.[2] 민속학자이며 1인극 배우인 심우성은
'마임의 뜻을 가진 우리말'로 '발림굿'을 제안합니다.[3] 그는 "판소리, 탈
놀이와 배뱅이굿 등 한량굿에서 재담(대사) 없이 몸짓으로 표현하는 광
대놀이를 '발림굿'이라 한다"라고 말합니다. '발림'이란 용어는 춤, 판소
리, 굿에 공통으로 사용되는 우리말입니다. 마임에 해당하는 우리말을
찾고 이를 사용하자고 한 그의 연구는 매우 뜻깊습니다. 하지만 현대의
마임 공연은 한정된 무언극이 아닌 확장된 퍼포먼스 공연으로 창작되고
있습니다. 그런데, '발림'이라는 용어는 대사, 소리가 없는 '짓'만으로 한
정되어 아쉬움이 남습니다. 전위예술가 무세중은 마임뿐 아니라 연극,
퍼포먼스 등 모든 공연예술을 '굿'으로 통일합니다. 유진규는 '몸짓', 강
지수는 '몸굿'이라는 용어를 사용합니다. 김용철은 마임을 몸과 움직임
을 결합한 '몸직임'으로, 마임 배우를 '몸지기'로, 마임 관객을 '몸벗'으

---

[1] 양미숙, pp. 36-47 참조.

[2] 연세대학교 연합신학대학원 옛 건물의 폐허에서 에코캠퍼스를 지지하는 행사가 2003년 2월
8일 있었습니다. 저는 이 곳에서 <새>를 공연하였습니다. 에코캠퍼스 지지자 중에는 시인 정
현종, 연극평론가 이상란, 인류학 교수 김진욱 등 문화계, 학계 인사들이 동참하였습니다.

[3] 심우성(1934~2018): 「마임이란 뜻의 우리말은 없을까?」, '1994년 한국마임페스티발 심포지
엄'에서 발표. 이 내용의 일부가 폴 발레리의 『신체의 미학』에서 옮긴이의 말에 실려 있습니다.

로 명명합니다. 더욱 다방면의 연구가 선행되어야겠지만, 저는 마임의 뜻을 가진 우리말로써, '몸짓굿'을 제안합니다. 궁극적으로 우리 시대의 마임이 소우주인 인간의 몸으로 표현하는 연극본능의 굿이 되어, 억압된 몸을 해방하고 생명을 살리는 공연이 되길 바라는 마음입니다.

공연예술로서의 마임이라는 명칭은 그 기원을 그리스 제의에서 찾을 수 있습니다. 고대 그리스의 문헌에서부터 마임이라는 용어와 대본이 발견되고 있으며, 이후 로마의 융성한 시기를 거쳐 민중적인 형식이 됩니다. 중세 시대에는 순회극단으로 유지되다가, 15세기 이탈리아에서 코메디아 델라르테(Commedia dell'Arte) 형식으로 새롭게 탄생합니다.[4] 현대에는 에티엔 드크루(Etienne Decroux), 마르셀 마르소(Marcel Marceau), 뮈멘산츠 컴퍼니(Mummenschanz company), 빵과인형(Bread & Puppet) 극단, 태양 극단(Le Theatre du Soleil) 등에서 다양하게 꽃 피고 있습니다.

이제 마임과 판토마임이라는 용어가 어떻게 규정되는지, 그리고 어떻게 사용되는지를 들여다보겠습니다.[5]

사전에서는 마임(mime)을 '모방, 흉내'를 뜻하는 고대 그리스의 '미메시스(mimesis)'에서 유래하였음을 밝힙니다. 그러면서 마임을 '동작과

---

[4] 빠트리스 파비스, p. 130.
[5] 마임의 용어 정리는 빠트리스 파비스의 『연극학 사전』, 테리 호즈슨의 『연극용어사전』, "CASSELL COMPANION TO THEATRE" 사전, 그리고 토머스 리브하트의 『모던 마임과 포스트모던마임』 등을 비교 서술하였습니다.

제스처를 통해 말없이 이루어지는 공연형태를 말하며, 공연자를 일컫는 용어'로 정의합니다.[6] 또는 마임의 희극적 요소에 초점을 맞추어 '아리스토파네스(B.C.448경~B.C.380)의 희극보다도 더 먼저 그리스에 나타났고, 나중에 로마의 희극에 영향을 끼친 조야(粗野)하고 소극(farce)적인 극'이고, '단순한 몇 가지 소도구를 사용하고 통상적으로 한 사람에 의해 이루어지는, 대사가 없는 연기'이며, '교묘히 제어된 몸과 얼굴의 움직임으로 인간이나 동물의 행동을 모방'하고, '배우를 가리키는 명칭'으로 설명합니다.[7] 이를 요약하면, 마임은 '소극(farce)'이고, '말 없는 연기'이며 이를 행하는 '배우'의 의미를 포함한 용어로 정의됩니다. 하지만 오늘날 마임은 배우를 의미하는 용어로는 사용되지 않으며, 일반적으로 말 없는 연기와 소극적인(farce) 공연으로 통용됩니다. 그러나 이는 일부의 특징으로 전체를 규정한 오류입니다.

먼저 '마임은 소극적(farce)이다'라는 사전적 정의에 대해서 상반된 의견을 서술하겠습니다.

아리스토텔레스는 시학에서 "서사시와 비극, 희극과 디튀람보스(합창가), 그리고 대부분 피리 취주와 키타라 탄주는 전체적으로 볼 때 모두 모방의 양식이다"[8]라며 '모방 수단의 차이'[9]로 예술을 구분합니다. 그는

---

[6] *CASSELL COMPANION TO THEATRE*, p. 303.

[7] 테리 호즈슨, pp. 158-159.

[8] 아리스토텔레스, pp. 23-24.

[9] 아리스토텔레스, p. 28.

이렇게 모방의 차이를 언급하면서 여러 형태의 고유한 명칭이 부재한 것에 대해 고민합니다.[10] 여기에서 유추할 수 있는 것은, 그리스에서 모방이라는 단어는 요사이 예술이라는 용어와 매우 유사한 뜻이었으며, 상당히 포괄적으로 다양하게 사용되었다는 점입니다. 그러므로 모방을 뜻하는 마임을 소극으로만 한정하는 것은 여러 오해를 일으킬 소지가 다분하다 하겠습니다.

또한 마임은 대사 없는 연기가 아니며, 역사적으로 마임에는 대부분 대사가 포함되어 있습니다. 이에 관한 사료는 아리스토텔레스의 시학과 파피루스 두루마리 등에서 발견됩니다. 먼저 시학을 보면, 아리스토텔레스는 '소프론과 크센아르코스의 미모스(mimos)', 즉 소프론과 크센아르코스라는 사람의 마임 작품을 언급합니다. 이것에 관한 주석을 보면, 크센아르코스는 운문이 아닌 산문으로 작품을 썼으며, 플라톤은 소프론의 작품에 매우 감탄했다고 합니다. 현재는 소프론의 단편들과 몇몇 다른 작가의 단편이 남아있습니다.[11]

마임이 대사를 포함한다고 언급한 시학에 대해 부연하면, 그리스 시대의 시는 모방의 특성이 일반적으로 강조되었으며 리듬, 언어, 조화를 중요시했습니다. 이때 언어만을 사용한 것은 소크라테스의 대화이고, 산문과 운문을 사용한 것은 소프론, 크센아르코스의 미메스(mimes)가 있다고 기록되어 있습니다.[12]

---

[10] 아리스토텔레스, 1, 4, 26장 참조.

[11] 아리스토텔레스, p. 25.

[12] 이경식, p. 141.

또 다른 증거로 1890년에 발견된 파피루스 두루마리가 있습니다. 이 속에는 기원전 270년경 알렉산드리아에 살았던 헤론다스라는 작가가 쓴 13편의 마임 대본이 실려 있습니다. 생생하고 다채로우며 때론 상스럽기까지 한 이 마임 대본의 발견으로 마임이라 불렸던 고대의 연기자들은 직접 대사를 하거나, 다른 사람이 쓴 대본을 암송했다는 것을 쉽게 알 수 있습니다.[13] 이처럼 마임은 이미 그리스 시대 이전부터 언어를 포함했고, 비극과 희극 그리고 시와 경계가 구분되지 않는 융합된 형식이었습니다.

마임은 미메시스(mimesis)의 어원에서 유래했습니다. 철학자 박준상은 마임의 어원인 미메시스를 몸에 근거한, 몸짓의 소통으로 사유합니다. 그의 철학은 다음과 같이 펼쳐집니다.

미메시스는 현대 프랑스어에서 간직하고 있는 '이미테(모방하다, imiter)'가 아니라, '미메(몸짓으로 표현하다, 몸으로 연기하다, 결국 몸짓으로 따라 하다, 함께 몸짓을 표출하다, mimer)'로 해석됩니다. 이는 소통의 움직임으로, 미메시스는 몸들의 공명이며 상호 울림, 공감의 원초적 형태로서 몸에 근거합니다.[14]

그리스 문화의 여명기에 의식을 집전하는 제사장이 보여주었던 몸짓들, 몸으로 표현되는 춤을 의미하는 단어가 바로 미메시스입

---

13 토머스 리브하트, p. 9.
14 박준상, pp. 40-41.

니다. 미메시스는 몸짓들과 소리와 말을 통해 내면의 보이지 않는 감정을 표출함으로써 존재의 경험(종교적이자 예술적인 경험)을 표현하고 공유하는 것을 의미했습니다. 흔히 '모방'으로 번역되기도 하는 미메시스가 사실은 눈으로 보이는 외적인 것을 복제하는 행위와 질적으로 다릅니다. 미메시스는 보이는 몸을 통해 표출되지만, 몸의 표현에서 그 중심에 놓여 있는 것은 보이지 않는 감정, 정서의 표현과 전달과 소통입니다. 이는 춤이 함께 추는 사람들에게서 중요하고 자극적인 것은 드러나는 동작들을 서로서로 따라 한다는 데에 있지 않으며, 말로 표현되지 않는 어떤 느낌을 공유하는 데에 있고, 이는 연인들이 몸을 나누는 행위에서도 마찬가지입니다. 즉 미메시스는 필연적으로 사람들 사이에서, 나와 타인 사이에서 전달되고, 서로가 서로에게 감염됨으로써 서로가 서로에 대해 '존재하게' 만듭니다.[15]

미메시스(mimesis)는 몸의 소통이고 서로를 존재하게 만드는 몸짓이며 이를 마임이라 한다는 철학자의 사유는 마임 배우에게 큰 울림을 줍니다. 저는 마임의 용어를 좀 더 확장하여 정의하고자 합니다. 마임은 태초부터 시작된 몸짓이며 말과 소리를 동반하기도 하고, 모든 공연예술 장르와 공유된 형태로 관계를 맺으며, 무엇보다도 마임은 몸의 소통이므로, 서로가 서로를 존재하게 하는 예술이라고 말입니다.

다음으로, 판토마임에 관해서 서술하겠습니다.

---

[15] 박준상, pp. 136-137.

판토마임(Pantomime)은 그리스어 판토미모스(Pantomimos)에서 유래되었습니다. 모든 만물을 모방한다는 의미입니다. 고대의 판토마임은 신화적인 이야기를 전하기 위해서 마임과 음악, 스펙터클을 사용하였습니다.[16] 이러한 판토마임은 곡예, 승마, 행렬, 축제, 개선 기념식 등에서 행해졌습니다. 고대의 판토마임은 동작과 목소리를 사용하여 모방하는 모든 것의 재현이었습니다.

로마에서부터 판토마임은 텍스트와 행위가 분리되는 경향을 보였고, 배우는 코러스와 음악가들이 해설하던 장면들을 모방했습니다. 이후 음유시인이나 떠돌이 광대들에게 라찌(lazzi), 무언 희극의 대중적인 형태 등으로 이어지다가, 15세기 코메디아 델라르테(Commedia dell'Arte)가 이탈리아에서 부흥합니다. 18, 19세기에는 아를르캥(Arlequin) 주역의 광대놀음과 서커스단의 손님 끌기 광대 짓, 유랑극단 배우들의 익살스러운 무언 연기 등이 전성기를 맞습니다. 20세기의 가장 좋은 예는 채플린의 희극 영화에서 찾아볼 수 있습니다.[17]

마임과 판토마임은 위에서 살펴본 바와 같이 역사적으로도 차이가 미묘했으며, 주·조연 배우가 담당했던 여러 유형의 대사 또는 배우나 음악가에 의한 연주와 소리를 포함하고 있습니다. 그러나 특정 시기에 정부의 규제로 말미암아 대사가 금지된 적이 있었는데, 이런 규제들이 오히려 그 자체로 아름답고 완벽한 공연 형식을 만드는 결과를 낳았습니다. 그 결과 대부분 관객과 역사가 그리고 배우는 마임과 판토마임을 무

---

16 테리 호즈슨, p. 569.
17 빠트리스 파비스, p. 470.

언의 스토리텔링(storytelling)으로 인식하게 되었습니다.[18]

　　현대 마임의 창시자인 드크루(Etienne Decroux)는 마임과 판토마임을 확실하게 구분하려 합니다. 당시 드크루는 판토마임을 하나의 장식이며 여흥에 불과한 것으로 보았습니다. 그리고 마임에 신체(corporeal)를 붙여 '삶의 한 방식이며 투쟁을 위한 슬로건인 모던 예술'[19]로서 코포럴 마임(corporeal mime)을 창시했습니다. 그는 이렇게 말합니다.

　　나를 불쾌하게 하는 것이 하나 있는데, 바로 판토마임이다. 부족한
　　말 대신 손과 얼굴로 무언가 설명하려는 연극, 나는 이런 형식을
　　혐오한다. 과장하기 위해 얼굴을 찡그리는데 그 얼굴은 기괴하고
　　추잡하며, 기초적인 욕구를 되살릴 뿐이다. 그것은 예술이 아니다.
　　판토마임은 사람들을 즐겁게 하려고 존재한다. 그 사실 자체가 나
　　에게는 전혀 즐겁지 않다. 예술은 진지해야 한다.[20]

　　위의 말은 판토마임 자체를 깎아내리려는 것이라기보다는, 숭고한 예술을 추구한 드크루의 성향에서 나온 말이라 이해됩니다. 당시 드크루는 연극을 개혁하면서 관객들에게 아부하는 연극에 혐오감을 느끼고 이를 타파하고자 했습니다. 그 시작과 끝이 배우의 움직임이었고, 판토마임을 하는 많은 배우가 관습에 젖어 관객들에게 표피적인 웃음을 팔고

---

18 토머스 리브하트, p. 11.
19 토머스 리브하트, p. 54.
20 *Mime Journal*, No. 7 and 8, p. 63.

있는 것이 못내 안타까웠을 것입니다.

진지함과 동일하게 인간을 즐겁게 하는 것은 예술의 주요한 순기능입니다. 우리가 병에 걸렸을 때 먹는 약(藥)의 한자 풀이를 살펴보면 艹(풀 초) 자와 樂(노래 악) 자가 결합한 모습입니다. 樂 자는 거문고와 같은 현악기를 그린 것으로 '풍류'나 '즐겁다'라는 뜻이 있습니다. 몸이 아픈 것은 분명 즐겁지 못한 상태를 뜻하고, 그러니 '즐겁다'라는 뜻을 가진 樂 자와 艹 자의 결합은 약초(艹)를 먹고 다시 즐거운(樂) 상태로 돌아간다는 뜻입니다.[21] 이러한 약(藥)의 한자 풀이는 예술의 치유적 기능으로 확대해석할 수 있습니다. 따라서 인간을 진정 즐겁게 하는 예술은 아픈 사람들을 치료하는 약(藥)이며 웃음 치료와도 일맥상통한다고 하겠습니다.

평론가이며 드크루의 제자이기도 한 토머스 리브하트는 판토마임을 광대의 얼굴 연기와 묘사적인 몸짓에 중점을 둔 형식으로 규정하며 협소한 의미로 사용합니다. 반대로 마임은 소리와 대사와 몸짓 연기 모두를 포함한 광의적 의미로 설명합니다. 공연예술계 역시 점차 마임은 신체표현의 폭넓은 의미로 통용하고, 판토마임은 분장을 한 광대의 무언극으로 한정하는 추세입니다.

종합하면, 마임과 판토마임의 차이는 양식화와 추상화의 문제에 근거합니다.

---

[21] NAVER 사전 <https://hanja.dict.naver.com/hanja>

판토마임은 오직 배우의 제스처(gesture)로만 구성되어 있고 대사를 사용하지 않는 공연 형태입니다. 판토마임은 언어적인 줄거리의 모방으로서, '설명용 제스처'를 섞어 이야기하는 전형(典型)이나 사회적 상황의 모방을 말하며, 한정된 의미로 사용되고 있습니다. 또한, 판토마임은 연극적 수단들에 의해서 표현되는 이야기나 일화(逸話, 에피소드) 식의 독립적 예술이며, 특히 배우들의 연기가 최대한으로 외재화(外在化)되거나, 무대행위에 있어서 생생한 묘사의 산출을 강조하는 공연들에서는 모든 연극적 표현의 구성요소입니다.[22] 이렇게 판토마임은 문장들을 대체하고 즐겁게 해줄 목적으로 일련의 제스처를 제시하며, 줄거리의 의미를 충실하게 외연(外延)으로 나타냅니다.[23]

마임이라는 용어는 '신체를 움직이는 기술'이라는 의미와 함께 '공연자', 그리고 '연기'라는 뜻까지 포함하고 있습니다.[24] 또한 대사의 유무를 뛰어넘습니다. 해석하는 사람에 따라 수시로 변화하고, 장르를 언급할 수 없을 정도로 확대됩니다. 따라서 마임은 영감을 받아 독창적으로 만들어진 창작으로 평가받고 있으며, 일체의 구상적인 내용에서 해방된 신체적인 표현으로 움직임의 표현 수단을 확장하고, 시를 지향하며, 관객이면 누구나 자유롭게 해석할 수 있는 제스처의 의미를 함축적으로 제안합니다.[25]

---

22 빠트리스 파비스, p. 470 참조.
23 빠트리스 파비스, p. 131 참조.
24 빠트리스 파비스, p. 130 참조.
25 빠트리스 파비스, p. 131 참조.

오늘날,

공연예술계에서 장르의 개념은 해체되고, 통합되어 갑니다. 배우에게는 양식적인 표현, 추상적인 표현, 주관적인 표현, 객관적인 표현 모두가 가능성으로 열려있는 몸짓입니다. 배우의 성향에 따라서 마임과 판토마임은 구분되거나, 겹칩니다.

미래의 공연예술은 장르적 특성으로 배우를 구분하는 것에서부터 독특한 자신의 장르를 창조하는 배우가 점점 두드러지고, 마임과 판토마임의 용어 정의는 그 경계가 점차 희미해지리라 생각합니다.

3

마임의 경계
연극과 무용과의 관계

당신은 무엇을 하는 사람인가요?

마임이스트? 무용수? 인형 조정자? 배우?

저는 이런 질문을 자주 받았습니다. 우리는 분류하고 규정하기에 익숙합니다. 공연자라는 인식은 같지만, 배우에게도 연극배우인지 영화배우인지, TV 탤런트인지 등의 질문이 이어집니다. 불과 2000년대 초반까지만 해도 연극배우라면 대극장 배우인지 소극장 배우인지, 정극 배우인지 실험극 배우인지 등을 질문받는 것은 흔한 일이었습니다.

현대는 다양한 매체를 이용한 비언어적(non-verbal) 공연이 넘쳐납니다. 마임에 대한 관심도 상대적으로 높아졌고, 뮤지컬의 대중적인 성공에 힘입어 재즈댄스 등의 춤은 배우 신체 훈련의 필수적인 과정이 되었습니다. 거의 모든 대학의 연극학과는 배우의 신체 훈련을 위하여 무용이나 마임 수업을 합니다. 연극 축제와 무용 축제는 공연예술제로 합쳐져 진행되곤 합니다. 그러나 여전히 연극은 무용과 완벽히 분리된 예술 장르이고, 마임은 연극의 한 분야로 인식되고 있습니다. 이러한 의식에 저항하며 한국마임협의회는 마임을 연극과 분리된 하나의 장르로 선언합니다. 이는 마임이 공연예술계에서 아류 경향의 일개 분야가 아니라 독립된 예술임을 공표하는 의미라 하겠습니다. 현재 한국 연극계에서도 마임을 몸 연극으로 나아가는 발판으로 탐구하는 경향이 뚜렷해지고 있습니다.

그런데 과연 공연예술의 경계는 불가피한 것일까요?
이제부터 그 경계에 대한 흐름을 살펴보도록 하겠습니다.

20세기는 정치, 사회, 문화 등 모든 것을 세분화하며 분명한 경계를 짓는 경향이 매우 강했습니다. 이러한 시대의 근대 예술가였던 드크루는 마임과 무용의 경계를 다음과 같이 구분합니다.

무용은 리듬 자체가 규칙이지만, 무용과 달리 마임의 리듬은 예외적이다. 마임도 전체적인 통일성을 유지하기 위해 리듬이 있기는 하지만, 마임 작품 그 자체는 놀라움과 극적 망설임에 기반하고 있다. 마임은 서서히 태어나고 자라나야 한다. 우리는 무대 위에서 살아있는 무용을 보지만 그것이 어떻게 태어나고 죽는지 알지 못

한다. 무용공연은 우리에게 무용의 탄생을 보여주지 않는다. 무용은 보통 음악 악보와 함께 탄생하며 그 위에 연극적인 요소가 첨가된다. 무용수의 전통적인 모습은 자유롭고 날아오른다. 마임의 전형적인 모습은 투쟁하며 땅에 붙어 있다.[26]

그는 무용과 마임을 '신에 대한 찬양'과 '인간의 불평'으로, '무용수는 자유롭게 날아오르고, 마임 배우는 투쟁하며 땅에 붙어 있는 것'으로 차이를 두었습니다. 즉 드크루에게 있어서 마임은 인간의 노동이며, 투쟁입니다.

무용과 마임의 차이에 대해서 스테판 니잘코프스키(Stefan Niezialkowski)[27]는 "발레는 온몸을 직선으로 뻗으려 하지만, 마임은 몸을 뻗는 동작을 자제한다"라고 말합니다. 이는 매우 단순한 구별이지만, 이러한 '관절의 응축'이 마임의 두드러진 점이라 할 수 있습니다. 즉 마임은 그리스 조각상처럼, 몸의 관절을 약간씩 구부려서 형상화하는 응축(凝縮)의 예술이라 하겠습니다.

평론가 안치운은 "한국 마임은 몸에서 춤보다 정직하지 않고 표현에서 연극보다 이눌하다"[28]라고 비평합니다. 그의 평론처럼 저의 공연은

---

26 *Mime Journal*, No 7 and 8, p. 62.
27 스테판은 발레 마임이 발달한 폴란드의 대표적 마임 아티스트입니다. 위의 인용은 그가 워크숍에서 한 말입니다. 그는 1996년과 1997년 두 해에 걸쳐 춘천마임축제에서 공연과 워크숍을 진행했습니다. 그의 스승 토마체프스키는 무용 마임(mime dance)을 창안했습니다. "무용 마임은 발레처럼 양식화되고, 추상적이며 세련된 제스처를 쓴다. 그것은 음악이 수반되며 종종 무용과 혼동되기도 한다."(빠트리스 파비스, p. 131) 상세한 내용은 마임 언어 중 무용 마임 참조

사춘기 감상에서 서성대고, 자주 자학이나 자위의 행위가 되곤 합니다. 거의 모든 작품에서 움직임은 연극보다 극적 구성이 미흡하고 춤에서 보이는 고도의 테크닉에서 한참 뒤집니다. 그의 평은 저를 자성하게 하였으며 마임의 특성에 관해 생각하고, 자각하게 합니다. "몸에서 춤보다 정직하지 않고"란 그의 문장에서 '정직'의 의미를 몸이 선(線)적으로 쭉 뻗는 테크닉으로 해석해 보았습니다. 그렇게 본다면 몸의 움직임에서 관절의 응축을 마임의 특성으로 보았던 스테판의 설명처럼, 마임은 춤보다 덜 정직한 것이 아닐까요? 다시 말해서 무용의 스트레칭 테크닉과 차이가 있는, 몸의 정서적 언어가 응축된 몸의 표현으로 경험되는 것이 마임의 특성이 됩니다. 그리고 "표현에서 연극보다 어눌하다"의 문장에서 '표현'을 서사적인 극적 표현으로 이해해 본다면, 연극적인 서사적 표현의 유창함보다 어눌한 표현으로 기우는 것이 마임이 아닐까 생각합니다. 즉, 줄거리나 이야기에서 벗어나 시적 이미지에 다가가려는 것이 마임이라 하겠습니다.

이렇듯 마임은 아슬아슬하게 춤과 연극의 경계에 놓여 있습니다. 그러나 마임은 이 둘의 경계에 묶여 있어서는 존재할 수 없습니다. 위의 평은 마임에 대해서, 연극과 춤의 경계를 구분하기보다는, 오히려 경계를 버리는 것으로 이해할 때 그 의미가 더 뚜렷해집니다. 안치운은 마임이 연극과 춤을 왔다 갔다 해야 한다고 말합니다. "마임은 연극과 춤의 경계를 버리고, 의심을 버리고, 외면하지 않을수록 마임의 정체를 찾을 수 있으며, 연극과 춤의 씨앗이 될 수 있다"[29]라고 강조하는 데서 더욱

---

28 안치운, 『연극제도와 연극읽기』, p. 396.
29 안치운, 『연극 반연극 비연극』, p. 186.

그렇습니다. 따라서 마임은 연극과 춤의 공통분모로서 존재한다고 하겠습니다.

자끄 르콕(Jacques Lecoq)은 마임과 연극의 경계를 고찰하며, "연극은 두 침묵 사이에 있는, 다시 말해 외침 · 영감 · 동화작용으로 구성된 시작(始作)의 마임, 묘기와 판토마임에서의 마지막 재주넘기인 결구(結句)의 마임 사이에 있는 삶 그 자체로 이해되는 것 같다"[30]라고 말합니다. 또한 "마임에 한 가지 형식만 있는 것은 아니다. 마임은 모든 것이다. 그러나 무엇보다도 마임은 연극이다"[31]라고 합니다. 이러한 일련의 그의 발언은 르콕이 현대 마임에서 매우 자유로웠던 사람 중 한 명이었음을 밝혀줍니다. 그는 누구보다도 연극과의 경계에서 자유롭습니다. 그는 순전히 무언으로 행해지는 마임보다 연극을 향해 더욱 많이 열려있는 마임을 연구했습니다. '움직임 교육 연구소(Laboratoire d'Etude du Movement)'라는 르콕의 학교 이름에서도 알 수 있듯이 그는 마르소 학교에서처럼 판토마임을 유일한 연기 방식으로 추구하지 않고, 많은 연기 방식 중의 하나로서 마임을 탐구합니다.[32] 르콕의 움직임 교육 연구소는 마임과 연극의 경계를 열어놓고, 이미 행해지고 있는 것들을 다시 시작하기보다는 젊은 연기자들이 새로운 경향을 발견할 수 있도록 이끌고, 연극을 새롭게 소생시킬 수 있도록 하는 데 역점을 두고 있습니다.[33]

---

[30] 빠트리스 파비스, p. 131.
[31] 토머스 리브하트, p. 117.
[32] 토머스 리브하트, p. 120 참조.
[33] 토머스 리브하트, p. 133 참조.

바르바(Eugenio Barba)[34]는 연극과 춤과 마임의 경계를 자유롭게 오가며 공연예술에 관해 사유합니다. 그는 "배우(공연자)라는 말은 남녀를 포함하여 '배우와 춤꾼'이라는 뜻으로, 연극이라는 말은 '연극과 춤'이라는 뜻으로 이해되어야 한다"[35]라고 정의합니다. 더 나아가 드크루의 마임을 언급하며 "현대 마임의 전통은 무대적 현존을 확장하는 불균형을 기본으로 삼는다"[36]라고 하며, 마임이 무대의 현존을 확장한다고 선언합니다. 이는 "마임은 결코 관용 부호가 아닌 현존(presence)만을 만들어낸다"[37]라는 드크루의 말과 연결됩니다. 드크루에게 있어서 코포럴마임은 바로 연극의 본질인 배우의 현존입니다.

바르바는 연극과 무용을 구분하는 것에 대한 불만을 거침없이 드러냅니다. 그는 연극과 춤을 엄격하게 구분한다는 것은 깊은 단절과 전통의 부재를 드러내며, 배우의 몸을 끊임없이 침묵으로, 무용수를 묘기로 이끌리게 만든다고 보았습니다. 연극과 무용의 구분은 아시아의 전통에 속하는 배우들에게는 말도 안 되는 것이며, 또한 역사적으로 다른 각 시대의 유럽 배우, 곡예사, 코메디아 델라르테나 엘리자베스 시대의 배우 등에게도 마찬가지로 어리석게 보일 것이라고 바르바는 말합니다.[38] 연

---

[34] 연극 인류학이라는 새로운 연극학 분야를 개척한 공연예술인, 연출가.

[35] 유제니오 바르바, p. 24.

[36] 유제니오 바르바, p. 41.

[37] 빠트리스 파비스, pp. 491-492. 연극적 특수 용어에서 현전은 관객의 관심을 사로잡을 수 있는 것으로 절실히 요구된다. 이것은 관객에게 영원한 현재 속에 산다고 느끼게 하면서, 관객의 '자기 동일시'를 촉발하는 '알 수 없는 그 무엇'에 의해 가능하다. / 인용한 책에서는 presence를 현전(現前)으로 번역했습니다. 본문에서는 현전을 모두 현존으로 바꾸어 옮겼습니다.

[38] 유제니오 바르바, p. 48.

극과 춤이 구별될수록 오히려 춤과 연극은 자신의 특성을 잃게 될 수 있습니다.

마임의 언어는 몸의 언어입니다. 언어는 '말이나 글뿐 아니라 몸짓, 춤, 영상, 이미지, 의상, 음악 등 기호라고 일컬을 수 있는 모든 것'[39]입니다. 그러므로 몸과 언어는 뚜렷이 구분할 수 없으며, 오히려 하나의 몸으로 융화합니다. 마임 역시 춤과 연극으로 구분할 수 없으며, 한 몸이 된 것이 마임이라고 생각합니다.

장 루이 바로(Jean-Louis Barrault)는 "판토마임의 최종 목표는 시각적인 것이 아니라 현존, 즉 연극적인 현재의 순간이다"[40]라고 말합니다. 그는 '연극적 실험의 본산'이었던 드크루를 떠나 연극과 영화의 대중에게 들어갔지만, 마임의 울타리를 결코 떠나지 않았습니다. 마임의 울타리는 사람들이 생각하는 것보다 훨씬 더 넓기 때문입니다.[41]

저의 공연은 마임과 연극과 인형이 함께 어울립니다.
세분된 장르로 구분하면 저는 어느 장르에 속해야 할까요?
불행히도 저는 흔들리는 정체성으로 상당히 오랫동안 혼란을 겪어왔습니다.

평론가 한상철은 현대 마임에 대해서, "마임 공연은 오늘날의 현대 공연예술처럼 장르의 구분 없이 표현양식을 두루 섭렵하는 포스트모더

---

39 정재철, p. 13. (황인성, 「구조주의와 기호학 그리고 문화연구」)
40 빠트리스 파비스, p. 492.
41 토머스 리브하트, p. 95, 99 참조.

니즘적인 특징으로 다양하게 공연된다. 마임은 이러한 포스트모더니즘의 종합 지향적인 것에 부응하며 다양한 양식으로 공연되는 대표적인 장르이다. 즉, 마임은 판토마임, 연극, 무용 그리고 곡예와 가면 광대 등의 각종 테크닉이 종합적으로 통합된다. 빵과인형 극단이 좋은 마임 극단의 예가 될 수 있다'[42] 라고 평합니다.

그동안 저의 정체성에 관한 고민은 어떤 틀 속에 제 작품을 맞추려는 데서 비롯됐습니다. 어떤 장르로 한정할 수 없는 작품과 작가는 늘 존재하지만 저는 스스로 장르의 규정에 맞지 않는다고 절망하곤 하였습니다. 이제는 장르의 한계에 묶이지 않고 자신의 독특한 장르가 있다는 것을 절감합니다. 지금까지 살펴본 마임의 용어와 경계를 통해서 춤과 연극 그리고 인형이 통합된 마임이라는 장르로 저는 '아름다움을 향해서, 나답게, 배우의 길'을 가고자 합니다.

---

[42] 『한국연극』, 1992년 1월호, p. 26.

4

마임의 언어

장 루이 바로(Jean-Louis Barrault)는, 판토마임에서 경험하는 침묵의 세계만이 아니라, 오히려 대사가 있는 연극 속에서 침묵의 순간들을 발견하고 드러냅니다. 그는, 연극에서 배우가 갖는 침묵의 순간을 아무것도 말하지 않으면서도 대사를 전달할 수 있는 배우의 능력으로 생각했습니다. 이는 과거와 현재의 마임을 구분 짓는 특성이 됩니다. 마임은 과거의 마임, 즉 정부의 규제 때문에 대사를 못 하게 된 데서 무언으로 행하게 된 19세기까지의 판토마임과 20세기 이후의 마임, 즉 침묵이나 소리 또는 대사를 선택할 수 있는 마임으로 나누어집니다.[1]

따라서 마임은 그 기원에서 살펴본 바와 같이 인류의 포괄적 표현 양식이므로, 동서양의 공연예술에서 양식화의 특징이 나타나는 고전주

---

[1] 토머스 리브하트, p. 87.

의, 상징주의, 표현주의, 그리고 사실주의 등의 배우 몸짓으로까지 확대
되며, 공연자의 모든 연기(演技)로 확장됩니다.

마임의 언어는 제 공연에 절대적인 방향성을 제시해 주고 있습니다.
일본의 평론가 고우다 나루오(合田成男)는 저의 젊은 시절의 몸짓을 다음
과 같이 평합니다.[2]

몸을 보았을 때, 단단하고 좋은 근육을 갖추었다. 하반신이 제대로
되어 있었다. 소박한 육체에 호감을 느꼈다. 작품에 있어서는 너무
소박하다. 감정만으로 누르고 있다(음악도 포함해서). 몸을 가지고
가는 법, 인형과의 관계가 희박하다. 예를 들어 나비의 씬(scene,
장면). 나비가 나오는 장면에서, 진정한 나비는 어디로 가버렸는지
모르겠지만, 몸의 움직임은 예정 조화이므로, 관객의 감정에 쫓아
오지 못한다. (갈팡거리게 함.) 예를 들어 달팽이 장면, 육체가 변
하지 않으면 안 된다. 예를 들어 한지 인형 장면, 인형이 가진 닫
힌 몸의 물건적 신체는 좀 더 차가워지지 않으면 안 된다. (숨기지
않으면 안 된다.) 그 거리를 신체로 표현하기 위해서는 상반신을
당겨야 하지만, 그 당기는 법을 알 필요가 있다. 인형 자체는 재미
있다. 불가사의다. 예를 들어 중얼거리는 소리, 그 찢어발겨진 말
과 몸의 관계가 보이지 않는다. 소박함을 넘기 위한 수단으로는
감정을 끊고 지적인 작업을 단념(丹念)[3]하게 행하는 것에 있다. (사

---

[2] 저의 공연작품 「새·새·새」는 일본 요코하마에 위치한 st-spot 극장에서, 1996년에 초청공
연을 하였습니다. 공연평 전문(全文)을 싣습니다.
[3] 단념(丹念)—성심(誠心): 정성스러운 마음, '지적인 작업을 정성스럽게 행하는 것에 있다.'

람의 표정, 요령, 물건을 보는 훈련의 다음은 포화하는 것을 눌러 내는 것이다.) 한국의 전통무용에는 의지적, 생활적으로 지적이고 세련된 것이 있다. 새로운 것을 낳으려고 할 때 모던을 당겨 펴지만, 배후에 있는 생활공간과 신체의 관계가 희박하다. 일본, 한국을 묻지 않고 젊은 무용가 공통의 <곤란한 점>을 느꼈다.

평론가는 저의 작품이 "너무 소박하다"라고 말합니다. 이는 연기, 몸짓이 서툴다는 의미로 다가옵니다. 그 당시에 다양한 테크닉으로 움직임을 하는 것이 제게는 어떤 치장이나 장식처럼 느껴졌습니다. 그리고 테크닉에 의존하는 것은 단지 테크닉을 작품에 사용하기 위한 모방적인 방법이고, 드크루나 마르셀 마르소의 아류를 자처하며, 단지 흉내 내는 것에 불과하다는 등의 강박에 사로잡혀 있었습니다.

왜 저는 젊은 시절에 테크닉을 익히지 않고, 오히려 벗어나려 했을까 되묻습니다. 우선 떠오르는 이유는 크게 실망한 공연들에서 테크닉의 과잉을 보았고, 테크닉을 모방하는 배우는 그 자신을 아류로 격하시킨다고 느꼈기 때문입니다. 하지만 고백하건대 근본적인 이유는 저의 게으름과 신체적인 결핍이었습니다. 선천적으로 근골격이 약한 저는 드크루처럼 전적으로 테크닉을 개발할 수 있는 힘이 턱없이 부족하다고, 그렇게 몰입하는 것은 불가능하다고, 스스로 한계를 짓고 있었습니다.

그래서 저의 몸짓은 테크닉을 거부해왔던 터라 거칠고 날것인 움직임이 많았습니다. 혹 나름대로 찾아낸 몸짓도 의식적이든 무의식적이든 어떤 인상적인 동작이나 테크닉-연극의 개혁자인 드크루, 그로토프스키, 스즈키 등의 실험적이고 치열한 테크닉과 동작들, 기록과 사진, 작품 등─에서 큰 영향을 받은 것들이었으며, 어렵게 찾아낸 몸짓도 지속해서 운영하는 데 어려움이 발생하곤 했습니다. 공연은 너무 자주 흔들렸고, 들쑥날쑥한 몸짓은 자책으로 이어져 커튼콜마저 부끄러워서 도망치는 일이 많았습니다. 되짚어보니 참으로 안타깝습니다. 그때로 돌아간다면 소박한 몸짓을 추구한다는 변명에서 벗어나, 무엇보다도 꾸준히 다양한 테크닉을 익히며 저의 몸짓을 개발하고 작품을 창작하고 싶습니다.

평론가의 또 다른 평인 "움직임은 예정 조화"라는 문장은 관객이 예상할 수 있는 움직임으로 작품이 흘러간다는 의미로 읽힙니다. 테크닉에 의존하는 것이 예상된 움직임을 유발한다고 생각했는데, 오히려 테크닉을 부정한 저의 몸짓이 더 초라하고 한정된 표현이었음이 여실히 드러납니다.

젊은 시절의 객기가 다한 지금에야 치장이나 장식을 거부하기 위한 몸짓을 개발하고 창조하기 위해서는, 더욱더 전통적인 기교와 선구자들이 개발하고 발전시킨 테크닉을 익혀야 하고, 그 바탕에서 새로운 몸짓과 시스템이 창조될 수 있다는 것을 깨닫습니다.

이제 마임 노트의 본론인 마임 언어에 관해서 살펴보겠습니다.

마임은 판토마임, 코포럴마임, 총체적 마임, 무용 마임 등으로 크게 분류할 수 있습니다. 세계적으로 마임을 대중화한 마르소의 공연예술은 판토마임을 대표합니다. 코포럴마임은 드크루가 창시한 모던 마임입니다. 총체적 마임은 자끄 르콕이 추구하는 공연의 제반적인 움직임으로 코메디아 델라르테 식의 가면 마임, 빨간 코의 광대 마임 등을 포함합니다. 그리고 무용 마임은 토마체프스키의 발레 마임에서 유래합니다.

마임은 이렇듯 판토마임, 코포럴마임, 총체적 마임, 무용 마임, 발레 마임, 광대 마임, 서커스 마임, 거리 마임, 오브제 마임, 인형 마임, 가면 마임 등 다양한 용어로 존재합니다.

저는 위의 평에서 일갈한 '너무 소박'과 '예정 조화'를 극복하기 위해 마임을 탐구해왔습니다. 그리고 그동안 연구한 마임을 마임 언어로 규정하고자 합니다. 따라서 마임 언어는 판토마임, 코포럴마임, 총체적 마임, 무용 마임으로 한정하였습니다. 이를 연구하고 노트한 내용을 공유합니다.

1) 판토마임(Pantomime)

판토마임은 얼굴을 하얗게 분장하고 침묵으로 연기하는 것으로, 가장 널리 알려진 마임의 대표적 양식입니다. 이러한 형식은 1820년대 장 가스파로 데뷔로(Jean-Gaspard Deburau 1796~1846)가 밥티스트 판토마임(Baptiste Pantomime)이란 이름으로 당대의 가장 인기 있는 배우로 등장하면서 그 모습을 처음 드러냈습니다. 당시에는 극장에 대한 정부의 규제가 매우 심했는데, 이 규제는 루이 14세 때 생겨나서 루이 16세 때까지 계속되고 나폴레옹에 의해 다시 나타나며 극장을 압박했습니다. 밥티스트 판토마임은 부활한 정부의 규제를 한껏 조롱하며 극장에서 자신의 재능을 맘껏 과시했습니다. 그의 주요 연기는 제자리에서 걸어가기, 바람을 안고 걷기, 계단을 오르내리기 등을 포함한 여러 가지 행동이나 물체의 묘사 같은 환영(幻影, illusion)의 창조였습니다. 데뷔로와 그의 계승자들의 판토마임 공연은 금지당한 언어의 역할을 대신하기 위하여 얼굴과 손의 표현을 주요하게 사용했는데, 이 얼굴과 움직이기 쉬운 손의 표현은 지나치게 활발하다는 특징이 있었습니다.[4]

1900년대 초반에 이르러 이런 무언의 판토마임 형식은 그 수명을 다하고, 멜로드라마와 오페레타(Operetta)[5]와 같이 대사와 노래가 있는 대중적인 공연 형식들이 유행하게 됩니다. 멜로드라마 하면 떠올리게 되는 과장된 연기 스타일은 의심할 여지 없이 대중적 연극에서 대사를 사용할 수 없었고, 밥티스트 판토마임이 유행했던 그 짧은 시기에 나타났습니다.[6]

이후 마르셀 마르소(Marcel Marceau, 1923~2007)에 의해서 판토마임은 완벽한 경지로까지 발전합니다. 그는 프랑스 스트라스부르 출생으로 연출가 샤를 뒬랭(Charles Dullin)과 에티엔 드크루, 장 루이 바로의 제자입니다. 1947년 판토마임 극단을 창립하고 작가, 연출가, 배우를 겸하며 판토마임의 예술을 부흥시킨[7] 마르소란 이름은 판토마임과 동일시

---

[4] 토머스 리브하트, p. 25, 84, 102 참조.

[5] 대사와 춤, 오케스트라가 있는 음악극으로, 오페라보다 음악적으로나 내용으로나 더 대중성이 있고 가벼운 것이 특징입니다. 짧고 즐거운 작품의 수요에 부합하기 위해, 19세기 중반에 오페라 코미크라는 장르에서 오페레타가 갈라져 나왔습니다.(위키백과 참조)

[6] 토머스 리브하트, p. 25 참조.

됩니다.[8]

마르소는 유럽지역 순회공연 후 "사람의 웃음과 울음은 어느 곳에서나 똑같은 감정의 표현입니다. 판토마임 자체가 인간의 가장 순수한 감정을 상대로 하는 예술이기 때문에 더욱 그런 감정을 느꼈는지 모릅니다"라고 회고합니다.[9]

판토마임은 마르소에게 '부단한 관찰의 예술'입니다. 그에게 관찰이라고 하는 것은 '민중적이고 일상적인 생활에 대한 관찰'을 뜻합니다.[10] 또한 그는 판토마임을 "코믹하면서 드라마틱한 줄거리를 가진 침묵의 연극"으로 설명합니다.[11] "무언극(mimodrama)이라고 하는 것은 인간과 자연과 주위의 모든 요소를 배우의 몸동작으로 일치시키는 예술입니다. 판토마임은 여기에 코믹하고 드라마틱한 줄거리를 첨가한 것으로 볼 수 있습니다"라고 그는 말합니다.[12] 판토마임에 대해 헬베르 이에링(Herbert Jhering)[13]과 나눈 대담에서 마르소는 자신이 즐겨 사용하는 용어 '미모드라마(mimodrama, 무언극)'를 '판토마임'과 같은 의미로 사용합니다. 그는 "미모드라마(판토마임)는 제스처로 구성된 연속적인 에피소드들을 토대로 이야기를 구성하며, 희극이나 비극의 서술구조를 따르고 있다"라고 말합니다.[14] 동시에 여러 장르의 공연예술과 비교하며 판토마임의 특

---

7 양미숙, p. 55.

8 토머스 리브하트, p. 106.

9 심우성 편역, 『판토마임 예술: 마르셀 마르소와 헬베르 이에링의 대담』, p. 70.

10 심우성, 앞의 책, p. 81.

11 심우성, 앞의 책, p. 32.

12 심우성, 앞의 책, p. 33.

13 브레히트를 세상에 알린 독일의 저명한 연극평론가.

14 빠트리스 파비스, p. 131 / '답습하다'를 '따르고 있다'로 바꾸어 옮김.

징을 정의합니다.

　이제 마르소의 주장을 따라가며 판토마임에 관해서 좀 더 자세히 살펴보겠습니다. 마르소는 판토마임이란 '판타지'와 '감성'을 추구하는 '무대예술'이라고 정의합니다. 무대예술을 강조하는 이유는 무성영화의 무언극 연기와 다소 차이가 있음을 설명하기 위함입니다. 마르소는 다음 과 같이 말합니다.

　　무성영화 시대의 배우들은 무언극적인 연기를 했습니다. 그들은 과장된 몸동작이나 표정을 지을 수밖에 없었지요. 특수한 예이기 는 합니다만 높은 데서 뛰어내린다든가 공중회전을 하는 장면 같 은 것은 서커스의 단원들을 동원했습니다. 그러나 채플린의 경우 는 다릅니다. 그는 자기의 전 재능을 무성영화에서 꽃피웠습니다. 어쨌든 진정한 무언극을 한 사람입니다. 그는 자기의 예술세계를 창조하고 또 그 길을 걸어간 한 사람의 시인이었습니다. 그는 언 제나 높은 모자를 쓰고 지팡이를 들고서, 즉 도구를 갖고 화면에 서 무언극을 했습니다. 그러나 영화 속에서의 판토마임과 무대 위 에서의 판토마임은 다른 것입니다. 우리는 아무 소도구도 없이 무 대에 나와 실제로 눈에 보이지 않는 세계를 보이는 세계로 바꾸어 놓는 것입니다. 우리가 무대에서 사용하는 것이 있다면, 그것은 소 도구가 아니라 판타지와 감성입니다.[15]

15　심우성, 앞의 책, p. 42.

마르소는 찰리 채플린에 대해 아낌없이 찬사를 보내면서도 무성영화의 무언극에서 소도구를 사용하는 것과 아크로바틱(acrobatic, 곡예) 연기에 대해서는 판토마임과 분명하게 선을 긋습니다. "찰리 채플린은 배우 예술과 무언극이 가진 아크로바틱을 조화시킨 새로운 예술을 제시합니다만, 엄밀히 말하면 판토마임은 곡예적인 예술이 아닙니다. 판토마임은 오히려 서정적이면서도 사회적인 문제를 다루는 예술입니다"라고 말합니다.[16] 이렇듯 마르소는 판토마임을 소도구를 사용하지 않고 온전히 몸의 표현으로 하는 것이며, 곡예적인 것과는 거리가 있고, 서정적이며 사회적인 예술이라고 정의합니다.

마르소는 또한, 무용과 비교하며 판토마임에 관한 보다 명확한 규정을 시도합니다. 특히 표현주의 무용과의 차이점을 서술하며, 판토마임은 '조화의 예술'이며 '정적의 예술'이고 특히 '몸 전체의 동작에 치중'하고 '사회적인 성격'을 드러내는 예술임을 강조합니다.

무언극은 조화의 예술입니다. 그런데 무용은 일반적으로 발레의 경우를 말하는 것입니다만, 움직임의 예술입니다. 무용은 스스로 비상도 하고 도약도 하지만, 무언극은 그보다는 훨씬 정적이고 대부분 두 발을 무대 바닥에 붙인 상태에서 동작합니다. 무용은 음악과 함께, 음악 쪽에 편향하여 진행되지만, 무언극은 정적 속에서 탄생하고 전개되는 것입니다. (...) 무언극은 배우의 몸동작만이 표현 수단의 전부입니다. (...) 표현주의 무용은 종래의 아카데믹한

---

16 심우성, 앞의 책, p. 53.

인습을 타파하기 위하여 무용 자체를 드라마틱하게 만들려는 시도입니다. (...) 무용이 드라마 쪽으로 접근해 간다면 그것은 더욱 낮은 목소리의 조용하고 유연한 동작으로 변화할 것입니다. 실제야 어찌 되었든, 우리는 그런 가정을 해볼 수 있습니다. 다분히 조형적인 면을 가진 무언극과 드라마틱한 면을 가진 표현주의 무용과의 차이점을 알아보기로 하지요. 무언극은 몸 전체의 동작에 치중합니다. 손이나 얼굴의 표정도 때로는 이용합니다만 그것은 코믹하거나 비극적이거나 특정한 상황일 경우입니다. 중국인이나 일본인이 손을 많이 사용하는 것은 어디까지나 그들의 동작 기호입니다. 그러나 표현주의 무용은 과장된 부분적인 동작이 극적인 효과를 나타내는 경우가 많습니다. 내용 자체도 사회적인 성격보다는 인간 영혼의 해방을 구가하는 것입니다.[17]

윗글에서 마르소가 말하는 마임의 특성은 자신의 판토마임 작품에 대한 고유성을 탐구하는 것이라 여겨지며, 판토마임의 장르적 정체성을 확고하게 하기 위한 그의 집념이라고 생각합니다. 마르소가 주장하는 판토마임의 특징에 관해서 저는 어느 정도 공감하지만, 전적으로 수긍하지는 않습니다. 특히 인간 영혼의 해방에 관한 부분은 다른 생각입니다. 인간 영혼의 해방을 추구하는 것은 무용뿐 아니라 모든 예술에서 지향하는 것이며, 마임 또한 예외는 아니기 때문입니다. 저는 개인적으로 인간 영혼의 해방을 추구하는 판토마임 작품에 매료되며 저의 작품 또한 인간

---

17 심우성, 앞의 책, pp. 48-50 / 상이점을 차이점으로 바꾸어 옮김 / 구가는 '謳歌', '求暇' 중 어느 것인지 잘 모르겠습니다. 전자는 '칭송하여 노래하다', 후자는 '구하여 빌려오다'의 뜻으로 해석되는데 저는 '추구하다'로 이해합니다.

영혼이 해방되는 공연이 되기를 염원합니다.

마르소는 또한 연극과의 비교를 통해서도 판토마임의 고유성을 강조합니다. 마임이 포함된 다양한 장르가 결합하여 제작된 공연물을 총체극이라 명명한 것에 관해서 마르소는 날 선 비판을 합니다.

> 프랑스의 연출가들은, 판토마임을 무대효과를 극대화하기 위한 보조 수단으로 생각해왔습니다. 그래서 그들은 판토마임을 무대극의 막간에 끼워 넣어 무대극의 전체적인 인상을 풍부한 것으로 만들려고 했던 것입니다. 그들은 이러한 연극 스타일을 총체연극(Total Theater)이라고 불렀습니다. 아무리 연극의 효과를 얻기 위한 수단이라 하더라도 이러한 발상은 매우 위험한 것이지요. 어떤 예술을 논할 때 그것이 전체인가 반쪽인가를 어떻게 이야기할 수 있습니까? 고흐의 그림이나 베토벤의 교향곡, 그리고 바흐의 협주곡 등은 그것 자체가 우리에게 감동을 주는 것입니다. (...) 연극은 연극이고, 판토마임은 판토마임입니다.[18]

또한 판토마임이 인형극과 어떤 공통점과 차이점이 있는지를 마르소는 배우의 '양식화'와 '기교의 숨김과 드러냄'으로 비교합니다. 그의 설명은 다음과 같습니다.

---

[18] 심우성, 앞의 책, p. 50.

희극화라는 점에서 두 예술은 다 같이 인간을 양식화합니다. 그러므로 한눈에 보아서는 리얼리즘과는 거리가 먼 것 같이 보입니다. 이런 것이 바로 두 예술 간의 공통점입니다. 그러나 다른 측면에서 비교해보면 두 예술 사이에 차이점이 드러납니다. 무언극(mimodrama)에서는 고든 크레이그가 주장하는 초인형(超人形, Uber-Marionette)의 사상을 실현하려고 합니다. 즉 초배우의 사상, 다시 말씀드리면 배우는 양식화에 의하여 일상적인 희극의 인물을 더욱 높은 경지로 끌어올릴 수 있다는 사상을 실현하려고 하는 것입니다. 무언극은 인형극과는 달리 기교를 숨기는 예술입니다. 그러나 인형극은 기교를 드러냄으로써 창의와 '예술적 정취'를 보여줍니다. 무언극이 가진 예술적 정취와는 기교라는 점에서 같지만, 수단이 다른 것입니다.[19]

판토마임과 인형극의 차이점을 밝히기 위해 마르소는 초인형 사상을 인용합니다. 이는 두 장르가 아동을 즐겁게 하기 위한 공연으로 활성화하는 실정을 반영하는 데 유의미합니다. 하지만 무대 디자이너 및 연출가인 고든 크레이그(Edward Gordon Craig)는 초인형 사상에서 인형의 본질은 어린아이들이 갖고 노는 장난감이 아니라, '고대의 사원에 있던 석상의 후예로서, 신의 형상'이라는 이론을 펼치며 미래의 연극을 추구합니다.[20] 크레이그는 드크루의 코포럴마임에서 초인형적인 배우의 움직임을 발견합니다. 그가 동경하는 미래의 연극은, 장난감이 되어버린 인

---

[19] 심우성, 앞의 책, p. 77. 시정(詩情)으로 번역된 것을 예술적 정취(情趣)로 바꾸어 옮김.
[20] E. 고든 크레이그, p. 112, 115, 121, 125, 127 참조.

형이 신성을 회복하고, 배우는 사실주의 연기만의 틀을 벗어나 초인형을 지향하여, 제의가 주었던 고대의 기쁨을 다시 발견하고, 새로운 창조로 나아가는 것입니다.[21] 크레이그에게 있어서 인형극과 판토마임은 서로 확연하게 분리되어야 하는 장르가 아니라, 서로 결합하고 융합하여 새로운 미래연극으로 나아갈 동반자입니다.

마르소는 판토마임을 규정하기 위해 '판토마임은 인간의 사상을 실현하려고 하는 배우의 양식화된 예술'이라고 하며 인형극과의 차별성을 언급합니다. 하지만 모든 장르가 인간의 사상을 실현하기 위해 고군분투하고 있으며, 특히 인형극과 판토마임은 모두 배우의 양식화된 예술로서 유사성이 더 두드러집니다.

또한 마르소는 판토마임이 인형극과는 달리 기교를 숨기는 예술이라고 말하지만, 벽 짚기, 계단 오르기, 줄다리기 등 환영의 테크닉은 판토마임의 기교가 잘 드러나는 대표적인 예라 하겠습니다. 그뿐 아니라 신체적 테크닉 역시 마리오네트의 노출된 줄을 조정하는 것처럼 직접적으로 드러나는 기술입니다. 하지만 어떤 직접적인 도구가 아닌 몸을 통해 체화된 기술로 표현되는 것이기 때문에 마르소는 "기교가 숨겨져 있다"라는 말을 사용한 것이라고 여겨집니다. 기교를 숨긴다는 마르소의 은유는 저에게 매우 유의미한 예술론으로 감동을 줍니다. 판토마임뿐 아니라 무용, 음악, 연기 등 모든 예술은 어느 정도 기교를 숨기는 면과 동시에 이를 드러내야 자신의 정체성이 견고해집니다. 그럼에도 불구하고 기교를 앞세우지 말라는 말로 저는 이해합니다.

---

[21] E. 고든 크레이그, p. 127 참조.

인형극과 판토마임의 가장 두드러진 공통점은 인간의 순수한 감정을 표현하고 동심을 지향한다는 것입니다. 차이점은 오브제의 형식이라 생각합니다. 인형극의 오브제는 인형이고, 판토마임의 오브제는 인간의 몸입니다. 몸, 인형, 몸과 인형을 오브제로 형상화한 공연의 본보기로는 마르소의 마임, 빵과인형(Bread & Puppet) 극단과 필립장티 컴퍼니(Compagnie Philippe Genty) 등이 있습니다. 마르소의 판토마임 공연은 인간의 몸이라는 오브제를 통해 예술적 감동을 선사합니다. 그리고 빵과 인형 극단은 인형의 신성을 복원하며 예술적으로 형상화한 공연으로 관객의 정신을 고양합니다. 몸과 인형이라는 오브제의 장점을 극대화한 필립장티 컴퍼니는 마임 테크닉과 인형 조정의 기술이 뛰어난 배우들로 구성되어 있고, 인형과 몸의 조화로 환상적인 공연을 펼치고 있습니다.

판토마임 예술이 이렇게 무성영화, 아크로바틱, 무용, 연극 그리고 인형극과 비교되며, 그 차이점이 논의되는 것은 그만큼 다양한 공연예술 장르에 판토마임의 요소가 깊숙이 공통분모로 공유되어 있다는 증거라 할 수 있습니다. 다시 말하면 모든 공연예술의 중심에 몸짓 예술인 판토마임이 있습니다. 그런데도 마임은 여전히 연극의 한 분야나 아류(亞流)로 여겨지곤 합니다. '연극은 연극이고 판토마임은 판토마임'이라는 마르소의 주장은 마임이 고유한 예술 장르이고, 모든 공연예술의 공통분모로서 주요한 부분이라는 것을 일깨우는 선언입니다.

다음으로 판토마임의 대표적인 표현 수단에 대해서 알아보겠습니다. 판토마임의 중요한 표현 수단은 얼굴 표정과 손짓입니다. 이 두 가지는 소통을 위한 인간의 기본적 몸짓이기 때문입니다. 이제 표정과 손짓을 통해서 판토마임의 표현에 대한 특징을 살펴보겠습니다.

손은,

인간의 몸짓에서 가장 주요한 인간다운 특징을 나타냅니다. 이에 대한 철학적 접근으로 하이데거[22]는 『사유(思惟)란 무엇인가』에서 다음과 같이 사색합니다.

손이란 독특한 것이다. 일반적으로 손은 우리 신체 중의 일부분으로 간주한다. 그러나 우리가 손을 움켜쥘 수 있는 신체 일부분으로만 생각하면 결코 손의 본질을 설명할 수 없다.

손은 심연과 같은 본질을 내포한다는 점에서 집는 기능을 수행하는 여타의 기관-발, 칼퀴, 송곳니 등-과 전혀 다른 의미가 있다. 오로지 말할 수 있고 사고할 수 있는 존재만이 손을 가질 수 있으며 작업에 솜씨를 넣을 수 있다.

손의 기술은 우리가 상상할 수 있는 것보다 훨씬 풍부하다. 손은 잡고 밀고 당길 뿐만 아니라 닿고 확장하며 받고 환영한다. 즉 손은 스스로 내뻗고 다른 사람과 악수하면서 반긴다. 우리는 손을 이용해 (물건을) 들어 올리고 운반하며 구상하고 상징한다. 인간은 상징을 통해 자신을 드러내는 존재다.

인간은 두 손을 모으는 제스처를 취함으로써 거룩한 존재가 된다.

---

[22] 하이데거(Martin Heidegger, 1889~1976): 독일의 실존주의 철학자.

손은 이 모든 것이며, 이것이 곧 손재주다. 우리가 침묵으로 말할 때 손동작은 가장 순수한 형태를 취하는데, 이때 손동작은 언어를 지나 사방으로 내디딘다. 인간은 말할 때만 생각한다. 형이상학자들이 지금까지도 믿는 것처럼, 생각하기 때문에 말을 할 수 있는 것이 아니다. 따라서 사유 그 자체는 가장 단순한 수작업(手作業)이다. 그러나 그것은 적절한 시기에 실행되기에 가장 어려운 수작업이기도 하다.[23]

하이데거에 따르면 사유하는 것, 말하는 것, 그리고 말없이 늘 움직이는 손은 서로 가족적이면서도 경건한 조화를 이룹니다. 요컨대 손은 <사유의 경건함>입니다. 손이 촉감적인 것처럼, 생각하고 말하고 특히 행동하는 것도 촉감적입니다. 말과 몸과 사유는 서로 분리되는 것이 아닙니다. 두 다리로 걷는 것처럼 우리는 두 손으로 말하고 생각합니다.[24]

인사하고 악수하며 기도하는 손짓은 특히나 경건한 조화가 바깥으로 나타난 동작이며, 가족적인 유대감의 몸짓입니다. 이러한 몸짓은 고대 인류부터 타인을 향한 예절의 표현으로 중요시되어 왔습니다. 우리가 자주 접하는 제사에서 읍(揖)[25]하는 예(禮) 역시 매우 전형적인 사례라 하겠습니다. 손을 통해 인간은 서로에게 인사하며, 악수하고, 기도하고, 읍합니다. 이는 동서고금에서 통용되는 순수한 인간애(人間愛)의 상징적 몸짓입니다. 서로 주고받는 예절인 '수수지예(授受之禮)'의 유교의 예(禮)는

---

23 M. Heidegger, pp. 16-17 / 정화열, p. 70 재인용.

24 정화열, p. 71.

25 인사하는 예(禮)의 하나. 두 손을 맞잡아 얼굴 앞으로 들어 올리고 허리를 앞으로 공손히 구부렸다가 몸을 펴면서 손을 내린다.(네이버 국어사전 http://krdic.naver.com/)

바로 판토마임의 주요 수단인 손짓에서도 경험됩니다.

　판토마임은 너무나 일상적인 동작들, 혹은 무의식적인 행위들을 다시금 바라볼 수 있는 시각을 제공합니다. 일상의 동작을 새롭게 환기하는 예술이라고 말할 수 있습니다. 판토마임은 손짓을 주요하게 활용하면서, 인간의 일상적인 동작을 분해하며 표현합니다. 마르소는 손짓 표현에 대해서 "마임에서 관객은 이미 알고 있는 제스처만을 포착한다. 이를테면, 내가 지갑을 꺼낼 때는 우선 손을 들어 올린다. 그러자 관객은 그 손을 본다. 그리고 나서 나는 지갑을 꺼낸다. 다음 행동이 수반되는 데는 '준비동작'이 필요하다"[26]라고 말합니다. 이렇게 하면 관객은 흔히 당연하다고 생각하는 몸짓, 이를테면 담배에 불을 붙인다든가, 옷을 입는다든가, 의자에 걸터앉는 등의 일상적인 동작을 새롭게 경험하게 됩니다.

　판토마임에서 '동작을 분해하는 테크닉'은 그냥 지나치는 일상의 많은 동작을 새로이 환기합니다. 불과 몇 년 혹은 몇십 년 전의 어린 시절로 돌아가 보면, 우리는 모든 일상이 신기했습니다. 온전히 자기 혼자서 일상 동작을 하게 되었을 때의 환희를 어른이 되면서 까맣게 잊고 맙니다. 판토마임의 매력 중 하나는 일상적인 동작과 관습화된 행동이 신비(神祕)로 환기되는 순간입니다. 판토마임은 일상을 신비로움으로 인도합니다.

---

26 빠트리스 파비스, p. 131. '준비기간'의 번역을 '준비동작'으로 바꾸어 옮김. 준비기간이란 용어는 행위 전에 어떤 순간이며, 시간이라는 의미를 잘 내포합니다. 하지만 좀 어렵게 다가온 단어라서 준비하는 순간을 간직하고 있는 준비동작이 좀 더 이해하는 데 쉽지 않을까 하는 생각에서 바꾸어 옮겼습니다.

다음으로 판토마임의 주요 특징인 얼굴 표정에 대해서 살펴보겠습니다.

피에로의 하얗게 분장한 얼굴과 변화무쌍한 표정은 판토마임의 대표적인 이미지로 널리 알려져 있습니다. 그와 동시에 판토마임의 얼굴 표정이 너무 과장되거나, 기괴하다고 부정적으로 느끼는 사람도 많습니다. 판토마임을 대중화시킨 마르소는 얼굴 표현의 지나친 쓰임을 경계하고 반드시 적절하게 쓸 것을 강조합니다. "판토마임은 얼굴 표정을 이용합니다. 그러나 중요한 것은 판토마임 배우는 얼굴 표정을 꼭 필요할 때, 필요한 장면에서 적절하게 써야 한다는 것입니다."[27] 그러면서 그는 동양의 전통 배우들의 표정에 대해 관찰한 내용을 언급합니다. "중국이나 일본 배우들은 자기의 얼굴에 붓으로 선을 그려 넣어 그 선 자체가 얼굴의 표정을 나타내도록 합니다. 그들의 얼굴이 가면과 똑같은 역할을 하는 것이지요. 여하튼 판토마임에서는 얼굴의 표정 자체가 큰 역할을 하는 것은 아닙니다."[28] 이는 판토마임에서 자칫 얼굴 표정이 너무 과하게 되면, 강요된 정서로 인해 관객의 기억에는 불쾌하게 일그러진 과장된 얼굴 표정만이 남게 되니, 이를 주의하라는 뜻으로 해석됩니다. 과도한 얼굴 표정의 잘못을 극복하기 위해서 마르소는 동양 배우의 가면 역할을 하는 분장에 주목합니다. 이러한 과정에서 그 자신의 단순하면서도 독특한 분장이 완성된 것은 아닐까 추측해봅니다. 마르소의 단순한 분장과 그가 용의주도하게 지은 얼굴 표정은 변화무쌍하면서도 절제된 판토마임의 얼굴 표정을 대표하는 본보기라 하겠습니다.

---

[27] 심우성, 앞의 책, p. 33.
[28] 심우성, 앞의 책, p. 33.

이상으로 판토마임의 주요 표현인 손짓과 얼굴 표정에 관하여 간략하게 살펴보았습니다. 손짓과 얼굴 표현은 판토마임의 개성이 잘 드러나는 주요하며 절대적인 표현입니다. 하지만 남용하거나 과장하면, 오히려 판토마임의 매력을 잃게 만드는 요소가 되기도 합니다. 극적 얼굴 표현으로 인간의 운명을 형상화한 마르소의 「가면 만드는 사람」, 그리고 손짓으로 세상의 만물과 인간의 선악을 표현한 마르소의 「천지창조」, 「The Hands」는 인간의 손짓과 얼굴 표정이 인간애의 상징적 몸짓으로, 그리고 숭고한 예술로 승화한 전범(典範)이라 하겠습니다.

마르소는 자신의 판토마임 작품을 '스타일 판토마임'이라 명명합니다. 이 스타일 마임은 제스처로 구성된 연속적인 에피소드를 토대로 이야기를 구성하며, 희극이나 비극의 서술구조를 따릅니다.[29] 동시에 그의 판토마임에는 무엇인가 그로테스크하고 불안감을 주는 것이 있습니다. 인간의 인생을 단 몇 분에 연행해 보이는 「젊음, 성숙, 노인 그리고 죽음」은 비극과 부조리극에 가깝다는 것을 상기시킵니다.[30] 그의 대표작 「새 잡는 사람」, 「사계」, 「가면 만드는 사람」, 「나비」 등은 대담하고 풍부한 이미지로 관객을 사로잡습니다.[31]

마르소의 광범위한 대중적 인기는 폭넓은 비평적 성공과도 병행합니다. 비평가 대부분이 마르소 공연의 예술적 묘기에 찬사를 보냈습니다.

---

[29] 빠트리스 파비스, p. 131.

[30] 테리 호즈슨, p. 159.

[31] 이두성, 「마임공연 창작에 있어서 詩의 활용방법 연구」, pp. 13-14.

에릭 벤틀리(Eric Russell Bentley)는 "숭고한 느낌을 주는 단계에까지 이르렀다. (...) 위대하고 순수한 연극의 전형을 경험한 저녁이었다"라며 감동을 전합니다. 이와는 의견을 달리하는 소수의 비평가 그룹에서는 "필연성(necessity)이 완전히 빠져 있다"라고 평합니다. 이와 비슷한 맥락에서, 해럴드 클러먼(Harold Clurman)은 "예리한 관찰력을 토대로 그린 삽화로, 그 우아한 순박함으로 즐거움을 안겨주지만, 실제적인 창조적 의미는 지니지 않았다"라고 말합니다. 또한 리처드 길먼(Richard Gillman)은 "너무나 자주 ... 상황을 그 본질적 가치 이상으로 확대해석하거나, 우리가 이미 알고 있는 것 또는 알고자 하는 흥미를 강하게 느끼지 않는 것들을 보여준다"라고 했습니다.[32] 그리고 토머스 리브하트는 다음과 같이 비평합니다.

> 마르소의 공연은 정치적·사회적·예술적 현상에 도전하기보다는 사회적 불평등과 임박한 생태적 재앙으로 비명을 내지르고 있는 세계에 침묵을 지킴으로써, 오히려 그런 현상을 묵과하는 것처럼 보인다. (...) 데뷔로는 침묵을 강요당했기 때문에, 파리의 주류 연극계로부터 버림받은 추방자로서 관계 당국의 어리석음과 자신의 상황을 초래한 불공정성에 대해 말 없는 비평을 가했다. 이와는 대조적으로 마르소는 데이트할 때의 접대나 개를 끌고 산책하는 사람들, 풍선 파는 사람들과 같은 아주 매력적인 이야기를 묘사하는 데 침묵을 선택하고 이용했다.[33]

---

[32] 토머스 리브하트, p. 114.
[33] 토머스 리브하트, pp. 102-103.

토머스 리브하트는 마르셀 마르소의 모방자들이 마르소가 이미 이룩한 소화된 자료들을 갖고, 성공적인 작품을 그대로 흉내 내고 있다고 비평합니다. 야망에 불타는 이런 판토마임 예술가들은 마르소의 분장과 의상, 안무 그리고 표정을 그대로 본뜹니다. 그러나 그들 대부분은 마르소가 드크루의 제자이고, 코포럴마임의 기본을 익혔다는 사실을 간과하며, 가장 중요한 핵심인 몸, 기초 그리고 재능도 없는 것 같다고 말합니다.[34]

　요즘 배우나 연기를 전공하려는 학생 중 오디션이나 입시에서 특기로 판토마임을 선택하는 사람이 늘고 있습니다. 그들 중 일부는 판토마임을 자신의 특기로 만드는 것이 무용이나 음악을 배우는 것보다 빠르다고 생각하거나, 순발력으로 판토마임을 익혀서 마술 도구처럼 사용하기를 원합니다. 하지만 위에서 살펴본 바와 같이 몸의 기초를 다지지 않고 판토마임을 따라 하는 것은 마르소의 아류를 자처하는 셈입니다. 입시나 오디션에서 답습된 판토마임을 연기하는 것은 창의력이 부족하다는 것으로 판단되어, 오히려 평가에서 부정적인 요소로 적용될 수 있습니다.

　배우라면 누구나 훌륭한 연기를 하고자 노력합니다. 판토마임의 체계적인 학습과 꾸준한 연마를 통하여 배우는 무대에서 현존하기 위한 몸의 자세와 움직임을 체화할 수 있습니다. 판토마임의 테크닉은 배우에게 집중력과 순발력을 확대할 수 있는 다양한 방법을 제시하며, 창의적인 연기로 이끄는 영감을 불어넣습니다. 하지만, 이것은 짧은 시일에 주어

---

[34] 토머스 리브하트, p. 115.

지지 않습니다. 꾸준한 연마와 체계적인 학습이 절대적으로 필요합니다. 지속적인 창작과정을 통해 공연예술가는 이상적인 움직임을 몸에 익히고, 자신만의 독특한 판토마임 작품세계를 구축할 수 있게 될 것입니다.

마임 배우들은 구체적인 환영으로 작품을 만드는 경향이 있습니다. 그런 점에서 많은 배우가 판토마임의 계열에 속한다고 할 수 있습니다. 국내의 마임 배우 중 판토마임을 기반으로 공연 활동을 하는 배우로는 마르소의 학교를 졸업한 남긍호,[35] 이태건[36] 등이 공연과 교육의 영역에서 활발히 활동하고 있습니다. 유진규,[37] 김성구,[38] 김동수,[39] 최규호,[40] 박

---

[35] 남긍호는 마르셀 마르소 학교를 졸업 후, 드크루 학교를 수료하고 연극원 교수로 재직하며 코포럴마임을 강의하고 있습니다. 코포럴마임의 테크닉을 중심으로 한 작품으로는 「키스」가 있습니다. 그는 드크루의 코포럴마임과 마르소의 스타일 마임, 물체 등을 다양하게 활용하는 「프랑켄슈타인」, 「4-59」 등의 환상적인 작품을 선보이며 활발한 공연 활동을 하고 있습니다.

[36] 이태건은 마르소 학교에서 스타일 마임을 배웠으며, 스타일 마임이 가진 우아하고 섬세한 마임 테크닉을 보여주는 「외모」, 「습관」 등의 독특한 판토마임의 작품을 발표하였습니다. 또한 마르소 학교에서 익힌 드크루의 코포럴마임 작품도 '마임의 집'에서 시연하였습니다. 그는 판토마임 식의 작품만을 고집하지 않고 퍼포먼스, 연극, 무용, 영화 등 타 장르와의 연계를 활발히 모색하며 작품 활동을 하고 있습니다. 이러한 경향의 작품으로는 「마이 원더풀 레프트 훅」, 「천년학」, 「남자와 욕망」, 「사랑하는 두 사람(미군 탱크에 치여 사망한 여중생을 위한 작품)」 등이 있고 자신의 대표작품들을 엮은 '혼자 떠나는 여행'을 레퍼토리로 공연하고 있습니다.

[37] 유진규는 1972년 판토마임 작품 「첫 야행(억울한 도둑)」으로 시작해 한국적 몸짓의 전형을 이룬 한국 마임 1세대입니다. 춘천마임축제를 시작하고 세계마임축제로 발전시켰습니다. 역사와 시대를 담은 실험적인 퍼포먼스와 프로젝트 연출로 다양한 활동을 하고 있습니다.

[38] 김성구는 유진규와 함께 한국 마임 1세대입니다. 한국에서 처음 태동한 마임 전문 극단 '73그뒤'를 창단했고, 1974년에 「김성구 침묵극」을 발표했습니다. 1998년 '김성구마임극단'을 창단하고, 교육과 연출 및 공연 활동을 활발히 하고 있습니다. 그의 네이버 블로그 (https://blog.naver.com/mimescope)에는 마임에 관한 희귀하고 소중한 자료들이 정리되어 있습니다.

[39] 김동수는 한국 마임 1세대로 주로 마르셀 마르소의 스타일 마임을 공연했습니다. 성우이자 명배우이며 연출가로서 현재 극단 '김동수컴퍼니' 대표로 활동하고 있습니다.

[40] 최규호는 우리나라에서 광대 마임을 개척하고 활성화한 주역입니다. 1984년에 극단 '마임'

상숙,[41] 조성진,[42] 유홍영,[43] 강정균,[44] 고재경,[45] 최경식,[46] 현대철,[47] 이경
렬,[48] 양미숙,[49] 이경식,[50] 이정훈,[51] 박이정화,[52] 신용, 임선영, 탁호영, 김

을 창단하고, 소극장 '돌체'를 운영하며 1995년부터 '국제크라운마임축제'를 개최하고 있습니
다. 이 축제는 광대 마임의 대중화에 절대적으로 기여하고 있습니다. 주요 작품으로는 「시시딱
딱이놀이」, 「광대 먹고 삽시다」, 「최규호의 클라운마임」, 「당신을 기다립니다」 등이 있습니다.
저서로 『최규호의 마임 이야기』(다인아트출, 2001)가 있습니다.

[41] 박상숙은 한국 마임의 여성 마임 배우로 활동하였고, 현재는 '국제크라운마임축제' 예술감
독과 소극장 '돌체' 대표로서 크라운 마임의 대중화 및 토착화에 매진하고 있습니다.

[42] 조성진은 마르소의 마임 스타일을 기본으로 시작했고, 유진규, 김성구 등의 워크숍을 통해
서 한국 마임에 입문했습니다. 그는 인문학적 접근과 문화운동으로 마임의 폭을 넓히는 데 기
여하고 있으며 마임을 굿과 융합하는 전통적이며 현대적인 작품 「나무의 꿈」, 「접화군생」, 「원
앙부인」 등을 공연하고 있습니다.

[43] 유홍영은 어린이 연극의 선두주자인 극단 '사다리'를 이끌었으며, 국립극단 어린이청소년
극 연구소장을 역임한 마임이스트입니다. 오브제를 이미지화한 「빛깔 있는 꿈」, 「가면 몸 마
임」, 「게로니카」 등 다수의 작품을 연출하였고, 「두 도둑 이야기」, 「꿈에」 등의 대표작이 있습
니다.

[44] 강정균은 '마임in'의 대표로 스타일 마임의 즐거운 광대 마임과 추상적인 마임 등 폭넓은
공연을 선보이는 대표적인 마임 배우입니다. 거리예술가를 풍자한 「가방in」, 「샐러리맨의 하루」
등 다양한 레퍼토리로 공연 활동을 활발히 펼치고 있습니다.

[45] 고재경은 마르소 스타일 마임 테크닉을 자기화한 마임이스트입니다. 그의 작품은 코믹터치
를 소재로 삼은 「황당」, 「낚시터」, 「개」 등이 있고, 추상적 작품 「새」, 「기다리는 마음」 연작
시리즈 등으로 활발한 공연 활동을 하고 있습니다. 최근에는 「정크 클라운」을 연출하여 '김상
열연극상'을 수상하였습니다.

[46] 최경식은 기독교 선교 마임에 주력하고 있습니다. 그의 작품은 스타일 마임 형식으로 성서
를 소재로 한 「다윗과 골리앗」, 「소돔과 고모라」 등이 있습니다.

[47] 현대철은 극단 '마음같이'의 대표이며 강북연극협회 부회장입니다. 온 가족이 마임 배우로
가족 마임 극 「짝사랑」, 「우리는 이렇게」 등 다수의 가족극을 창작하고 공연하며 활발한 활동
을 하고 있습니다.

[48] 이경렬은 연극, 영화 등 많은 작품에서 혼신의 연기를 하는 중견 배우입니다. 많은 앙상블
마임 작품에 출연하였고, 개인 작품으로는 「진화」, 「지휘자」 등이 있으며, 최근 호평을 받은 2
인 마임 극 「알츠하이 뭐?」 공연을 발표하였습니다.

[49] 양미숙은 한국 마임에 관한 발달사를 연구하고 출판하였습니다. 극단 '사다리'에서 다수의
마임 앙상블 작품에 출연하였고, 대표작으로 여인의 인생을 형상화한 2인 여성 마임 극 「여자
女子」, 최근 '광주아시아마임캠프'에서 열연한 「깨몽」 등이 있습니다. 마임 공연과 교육활동에
매진하고 있습니다.

성연 등이 국내외에서 다양한 활동을 펼치고 있습니다. 또한 다수의 젊은 마임 배우들-김준영, 김희명, 류성국, 우석훈, 이현수, 이성형, 임동주, 최대성, 최정산-등이 거리축제 및 극장, 스튜디오QDA 등에서 두각을 나타내며 활달한 공연을 선보이고 있습니다. 이들은 모두 마르셀 마르소 스타일의 마임을 기본으로 삼습니다. 그리고 한국적인 상황을 반영하며, 자신만의 독특한 스타일로 작품에 매진하고 있습니다.[53] 저는 한국의 마임 배우들에게 많은 도움과 영감을 받고 있습니다.

저에게 판토마임은 일상생활의 신비를 새롭게 발견하는, 타자(他者)와 소통하는 몸짓입니다. 또한 관객에게 가까이 다가가는 힘을 주며 용기를 북돋아 줍니다. 특히 작품이 너무 관념적이고 추상적으로 치우쳐 갈 때, 자신 속으로 함몰되어 갈 때, 판토마임은 관객과 관계를 맺을 수 있도록 저를 이끄는 이정표입니다.

---

[50] 이경식은 극단 '동심' 대표로 가족과 어린이를 위한 마임 공연에 주력하고 있습니다. 다양한 마술과 비눗방울 등을 활용하여 환상적인 마임 공연을 펼칩니다. 「활 쏘는 사람」, 「숨결」 등의 대표작이 있습니다.

[51] 이정훈은 연극, 무용, 영화, 미술, 음악, 퍼포먼스 등 거의 모든 장르에서 연기, 연출 및 뛰어난 아이디어로 감탄을 자아내는 마임 배우입니다. 수많은 작품으로 관객에게 깊은 감동과 웃음을 주고 있습니다. 대표작은 「거미」, 「아킨따라」, 「푸른 요정」, 「꿈을 찾아 떠나는 마임여행」, 「이정훈의 뒷모습」 등이 있습니다.

[52] 박이정화는 극단 '사다리'에서 활동하며 다수의 마임 앙상블 작품에 출연하였습니다. 개인 작품은 「버스에서」, 「사랑 쓰다」, 「물을 긷다」, 「마임라푼젤」 등이 있고, 각 작품은 안정된 테크닉과 섬세한 감성으로 관객에게 판토마임의 즐거움을 선사합니다.

[53] 한국 마임 배우의 비평은 안치운의 평이 유일합니다. 그의 저서 『연극 반연극 비연극』 중 「벗은 몸의 진실」(pp. 185-207)에서 남긍호, 고재경, 강정균, 박미선, 유홍영, 이두성의 마임 공연 비평이 실려 있습니다.

2) 코포럴마임(Corporeal Mime)[54]

드크루는 왜 코포럴마임인가, 라는 물음에 "몸(corporeal)이란 생각하고 증명하며 고통받는, 우리가 경의를 표해야 하는 것"으로, "몸이 일어설 때 그것은 인간성이 일어나는 것"이라 말합니다.[55] 우리는 그의 철학에서 몸은 보이기 위하여 소비되는 것이 아니라, 몸이야말로 자기 자신이며 곧 주체임을 깨달을 수 있습니다. 드크루는 주체로서의 몸에 대한 믿음으로 코포럴마임을 평생 탐구하였습니다. 고든 크레이그는 드크루의 코포럴마임에 대해서 "마임의 기본문법(an ABC of mime)을 창조"하였다고 평가합니다.[56]

에티엔 드크루(Etienne Decroux 1898~1991)는 프랑스 파리 근교 불로뉴비양쿠르에서 태어났습니다. 그는 스물다섯 살이 되기 전까지 공산당원으로 정치가의 꿈을 키우면서 석공, 병원 잡역부, 공장 노동자, 부두 노동자로 일합니다.[57] 그는 당시 공산당신문에 현대연극의 개혁자 자끄 코포(Jacques Copeau)가 이끄는 배우학교 뷰 콜롱비에(Vieux Colombier) 연기학교 광고를 보고 웅변 화술을 익히고자 입학합니다. 이 학교에서 드크루는 화술에 진정성을 담고 꽃피게 하는 몸에 더 매료됩니다. 특히 얼

---

[54] 코포럴마임은 신체 마임이라는 용어로 번역되어 있습니다. 김용철은 코포럴의 의미를 우리말로 살리고자 '몸의 움직임', '몸짓 움직임'이라고 말합니다. 궁극적으로는 '몸직임'이라 명명합니다. 본 책자에서는 코포럴마임으로 표기합니다.

[55] *Mime Journal* No. 7 and 8, p. 63.

[56] 토머스 리브하트, p. 79 참조

[57] Phillip B. Zarrilli, *Acting (Re)considered*, p. 114.

굴을 통한 의사전달은 배제되고, 신체를 통해서 표현하는 코포의 신체 연기 훈련 중 가면 수업에서 연극의 새로운 가능성을 발견합니다. 또한 그는 동양의 무용과 연극 공연을 참관하면서 동양 배우들의 절도 있는 몸짓의 특징을 발견하고, 이를 코포의 학교에서 배운 것과 융합합니다. 자끄 코포가 텍스트와 동작, 극히 제한적인 무대장치가 결합된 총체적인 연극을 지향했다면, 드크루는 배우만이 그의 관심사였으며, 배우들이 동작과 대사를 더욱더 철저하게 익힐 수 있도록 동작과 대사를 분리한 연기 훈련법을 고안해 냅니다. 이 훈련법은, 후에 연출가 될랭(Charles Dullin)의 극단에서 마임 교사로 있을 때 만난 제자 겸 협력자 장 루이 바로와 마임 연구를 하면서 좀 더 선명해집니다. 그들은 새로운 마임을 찾아 나선 공모자였으며, 드크루의 분석적이고 이성적인 면과 바로의 직감적이고 창조적인 면이 어우러져 코포럴마임 연구에 발전을 가져옵니다. 후에 드크루는 학교를 세우고 코포럴마임을 계속 발전시키며 창작과 공연 활동을 이어갑니다.[58]

드크루는 마임을 하나의 독립된 예술로 정립시키며, 마임 동작 기술을 체계화합니다. 그러나 코포럴마임은 추상적이고 대부분의 모더니즘 예술과 마찬가지로 비 단선적인 구조를 지향해서 대중들의 폭넓은 호응을 얻지 못합니다. 그러나 드크루의 가장 위대한 공헌은 최고의 교사이자 코포럴마임 테크닉의 창시자이며, 이론가로서 그의 연구에서 찾을 수 있습니다.[59] 드크루는 코포럴마임에 대해서 다음과 같이 말합니다.

---

[58] 남긍호, 윤종연 참조.
[59] 토머스 리브하트, p. 21.

나는 몸이 일어서는 것을 볼 때, 인간성(humanity)이 일어나는 것으로 느껴진다. 기본적으로 예술은 본성적으로 더 정치적인 것이 있고, 더 종교적인 것이 있다. 이것은 사람이 한편으로는 예수(Jesus)를 지녔지만, 다른 한편으로는 프로메테우스(prometheus)를 지닌 것이라 할 수 있다. 그림은 종교 쪽으로 기우는 경향이 있다. 항상 그렇지는 않지만, 적어도 의지적으로는 그렇다. 이에 반하여 시는 이성 쪽으로 기운다. 이미 조금 더 프로메테우스이다. 그리고 마임은 내가 이해하는 한, 프로메테우스이며, 반대편에 춤이 있다.[60]

드크루는 자신의 예술을 프로메테우스적이라 주장합니다. 이는 사회적으로 받아들여지는 미적 이미지와 육체의 한계에 도전하는 것입니다. 그는 "나는 나 자신에 머물러 있는 것을 원치 않는다. 나는 내가 되고자 하는 무언가가 되기를 원한다"[61]라고 말합니다. 신이 만든 것보다 더욱 아름다운 것을 창조하기 위하여 배우는 프로메테우스가 되어야 하고, 이를 실현하고자 드크루는 몸의 움직임을 탐구하며 코포럴마임을 창조해 나갑니다.

프로메테우스적 예술은 그 안에서 인간이 무언가를 행하는 예술이다. 인간은 동굴 안에서 사는 것으로는 만족할 수 없다. 그는 자기가 창조한 것들에 있어 신의 라이벌이다. 그는 조각상(彫刻像)을

---

60 *Mime Journal* No. 7 and 8, p. 10.

61 Etienne Decroux, *Paroles sur le Mime* / Phillip B. Zarrilli, *Acting (Re)considered*, p. 108, 재인용.

만든다. 그것은 신에게 이렇게 말하는 것과 같다. "당신이 만든 인간은 아름답지 않소. 난 다른 것을 만들 테요. 당신이 만든 동굴은 아름답지 않소. 난 기념비를 세울 것이오."[62]

그리스 신화에서 프로메테우스는 태양과 벼락의 불을 훔쳐내어 올림포스 신들에게 도전합니다. 그는 인간에게 '날것인' 천상의 불에서 '요리된' 화덕의 불을 줍니다. 그 불이 요리와 난방, 금속을 녹이거나 다른 산업을 가능하게 하면서, 길들인 불은 인간을 다른 동물들과 구분해 줍니다. 불의 사용은 인간이 살기 위해서는 일해야만 한다는 것을 암시하기 때문에, 인간은 그렇지 않은 신과도 구분됩니다. 따라서 이성과 기술, 문화, 노동, 고통을 상징하는 프로메테우스의 선물은 인간의 조건을 정의합니다.[63]

이 신화의 다른 버전인 로마신화에서는, 프로메테우스가 진흙으로 인간을 재창조합니다. 올림포스의 신들이 인간을 멸종시키기로 한 후의 일입니다. 또 다른 버전에서도 프로메테우스는 신들을 무시하고, 인류를 창조하고, 재창조합니다. 이러한 불경 때문에 그는 벌을 받습니다. 드크루에게 있어서도 인간은 끊임없이 투쟁해야만 하며, 자신의 행위에 대한 결과로 필연적으로 고통받아야만 합니다. 자기-창조(self-creation), 반역적이고 영웅적인 행위, 투쟁과 고통, 근육노동과 이성에 기반을 둔 선택과 같은 핵심적인 주제들은, 드크루의 세계관과 미학적이고 육체적인 테크닉의 핵심을 형성합니다.[64]

---

62 *Mime Journal* No. 7 and 8, p. 51.

63 Phillip B. Zarrilli, *Acting (Re)considered*, p. 109.

드크루는 배우를 억압받는 노동자로 인식합니다. 상위 계급에 속한 극작가, 연출가, 무대 디자이너 등에 비해 배우는 상대적으로 하위 계급의 노동자들이고, 따라서 드크루에게 있어서 극장은 배우들을 해방해야 할 필요성이 있는 퇴폐적인 예술입니다. 드크루는 극장예술에 있어서 유일하게 필요한 존재는 배우라는 믿음으로, 극장예술에서 배우를 제외한 모든 지배계급을 제외합니다. 드크루는 배우의 자유를 획득하기 위해 전통적인 극장예술을 타파하고 배우의 독립을 주장합니다.

극장에서 배우를 해방하고자 했던 드크루의 정치적 철학은 몸에도 그대로 적용되어 '몸에서 몸통(trunk, 머리끝에서 골반까지)을 해방하자'라는 결론을 내리기에 이릅니다. 몸통은 생명 유지에 필요한 모든 장기(臟器)가 있는 곳이며, 우리는 몸통 없이 존재할 수 없습니다. 극장에서 배우들을 관찰하던 드크루는 배우의 몸통 부분이 억압되어 있음에 주목합니다. 반면 손과 얼굴은 너무 많이 움직이고 있음을 발견합니다. 당시 배우들의 표현은 얼굴 표정과 손의 제스처 정도가 전부였기 때문입니다. 드크루는 손과 얼굴은 세상에 항상 노출되어 있고 의사소통과 감정표현에 가장 중요한 몸의 부분 역할을 하며, 따라서 몸의 모든 영광은 손과 얼굴이 차지한다고 봤습니다. 그런 의미에서 드크루는 손과 얼굴을 '부르주아 계급'에 속한다고 생각했고, 반면에 우리 몸에서 가장 큰 부분을 차지하고, 모든 생명의 지탱 부분이며 손과 얼굴의 지지기반인 몸통은 당연히 노동자인 '프롤레타리아 계급'으로 보았습니다. 우리 몸의 생명 유지에 절대적으로 필요한 몸통은 몸에서 제외할 수 없습니다. 그렇다면

[64] Phillip B. Zarrilli, 앞의 책, p. 109.

몸통은 당연히 극장예술에서 제외될 수 없으며, '표현'할 수 있는 권리를 획득해야 한다고 그는 생각합니다. 따라서 드크루는 몸에서 몸통을 해방하여 극장예술을 몸통의 표현 예술로 승화시키고 싶다는 생각에 이릅니다. 이후 그는 몸통의 기둥이라고 할 수 있는 척추의 움직임을 기본으로 한 코포럴마임의 문법을 발견하며 구축해 나갑니다.[65]

바르바 역시 드크루의 몸통에 관한 코포럴마임 훈련에 대해 "드크루는 본질적으로 몸을 몸통으로 한정한다. 그에게 팔과 다리의 움직임은 에피소드 적인 것이다. 이 움직임들이 어깨 · 팔꿈치 · 손목 · 무릎 · 발목 등 관절에서 나오는 것이라면, 몸통을 포함하지 않으므로, 몸의 균형을 변화시키지는 않는다. 그것들은 단순한 몸짓으로 남아있다. 그 움직임들은 척추에서 생기는 미세 행동이나 충동의 연장일 때만 무대에서 살아 있는 것이 된다'라고 말합니다.[66] 즉, 바르바는 드크루의 코포럴마임에서 몸통을 주요 기관으로 삼고, 이를 중심으로 온몸을 디자인하는 것에 주목했습니다. 그래서 바르바가 말한 몸을 몸통으로 '한정한다'라는 단어의 어감보다는 몸을 몸통으로 '집약한다'가 드크루의 생각에 좀 더 가깝다고 느껴집니다.

바르바는 이어서 "이것이 스타니슬랍스키에서 그로토프스키에 이르기까지 '신체적인 행동'에 관한 대가들의 가르침 속에서 발견되는 것이다'[67]라고 하며, 몸의 균형을 변화시키기 위한 몸통의 움직임이야말로 배

---

65 김용철, 베로니카 겐즈 자료에서 인용.
66 Etienne Decroux, *Paroles sur le mime*, pp. 59-60, 89-91, 164-165.
67 유제니오 바르바, p. 58.

우가 움직이는 힘이라고 해석합니다. 바르바는 "현대 마임의 전통은 무대적 현존을 확장하는 불균형을 기본으로 삼는다"[68]라고 말합니다. 이처럼 오늘날 드크루의 코포럴마임은 배우의 현존에 관한 지속적인 탐색으로 이어집니다.

드크루의 코포럴마임 연구는 전반기의 객관적 마임(objective mime, 구체적 마임)과 후반기의 주관적 마임(subjective mime, 추상적 마임)으로 크게 구분됩니다.[69] 전반기의 객관적 마임은 주로 움직이기 쉬운 손과 팔, 얼굴을 이용하여 묘사나 환영(illusion)을 창조하는 19세기 판토마임과 분명한 연관성이 있습니다. 객관적 마임의 핵심은 "가상적인 물체의 존재는 물체에 의해 강요된 근육의 떨림이 마임 연기자의 몸을 통해 적절히 표현되었을 때에만 그 실재감을 갖게 된다"[70]라는 것입니다. 이러한 노력을 '평형감각(counterweight)'[71]이라고 하는데, 이것은 후기의 주관적 마임에서도 중심적 사고가 됩니다. 초기의 평형감각은 환영의 구축을 위한 작업이었고, 후기의 평형감각은 물리적인 힘의 작용이 신체를 통해 어떻게 표현되는지에 관한 방식의 연구라 할 수 있습니다.[72]

드크루는 평생 평형감각에 관해 강의했습니다. 그 수업은 우리의 신

---

68 유재니오 바르바, p. 41.
69 토머스 리브하트, p. 84 / objective mime을 구체적 마임, subjective mime을 추상적 마임으로 번역돼 있습니다. 필자는, 드크루의 발상 자체를 철학적 접근으로 보고, 이들 용어를 객관적 마임, 주관적 마임으로 해석했습니다.
70 Jean-Louis Barrault, *Reflections on the Theatre*, pp. 27-28 / Thomas Leabhart, p. 62 재인용 / 토머스 리브하트, p. 84.
71 counterweight(카운터웨이트)에 관해서는 김용철, 베로니카 젠즈, 「드크루 실연강의」 참조.
72 Thomas Leabhart, p. 62.

체가 뭔가를 밀고 끌어당기거나 다양한 무게의 물건을 옮길 때 어떻게 작용하는지에 관한 세심한 분석이었고,[73] 중력과 무게에 관한 육체노동자들의 투쟁, 물체의 저항, 스스로의 무력증에 관한 연구였습니다.[74] 드크루의 객관적 마임은 몸 전체 그중에서도 특히 몸통 부분을 이용하여 환영을 창조해내는 신체적인 것으로, 19세기까지 존재했던 것을 20세기에 이르러 다른 방식으로 표현한 것입니다.

반면, 주관적 마임은 사실상 금지당한 대사들을 몸짓으로 대체했던 19세기의 피에로와 정반대의 위치에 서서, 대사로부터 독립된 몸짓에 그 자체만으로 최고 위치를 부여한 것입니다. 주관적 마임에 관해서 장 루이 바로는 "영혼이 신체의 동작 표현으로 변형되는 것, 우주 속에 존재하는 인간의 형이상학적 자세"라고 정의하며, "주관적 마임은 종교적인 예술의 경지로까지 끌어 올려주는 도취적인 것이었다. 이에 관한 연구에 빠져 있을 때, 우리는 자신이 동양의 배우들에게 보다 가까이 다가가고 있음을 느꼈다. 그리고 유연한 그리스 비극을 전체적으로 재인식하고 있다는 것도 깨달았다"라고 경의를 표합니다. 이사도라(Isadora Duncan) 이전에는 '영혼의 상태를 신체적 표현으로 보여주는' 현대 무용이 존재하지 않았던 것처럼, 주관적 마임도 이전에는 존재하지 않았으며, 드크루에 의해서 창조된 것입니다. 그의 목적은 코포가 갖고 있던 목적처럼 연극의 종교적인 원천으로 돌아가는 것이었고, 그 노력은 엄숙성과 순수성 그리고 목적의 단일적인 면에서 모던한 것이었습니다.[75]

---

[73] 토머스 리브하트, p. 68.
[74] 토머스 리브하트, p. 71.
[75] 토머스 리브하트, pp. 84-86 참조.

이러한 모던 마임은 자신과 동시대인인 브랑쿠시(Constantin Brancusi)의 조각품이나 몬드리안(Piet Mondrian)의 그림처럼 명료하고 아름다운 본질의 기록이어야 한다고 생각했습니다.[76] 그리고 피카소나 마티스, 미로, 고갱 그리고 자코메티의 작품세계가 종족예술을 접하고 난 뒤 급진적으로 변모한 것처럼, 드크루 역시 캄보디아 등 아시아 무용수들의 공연에 깊은 영향을 받았습니다. 그는 캄보디아인들의 무용에서 끌어온 절도 있는 몸짓을 이미 일본의 노(能)에서 영향을 받은 그의 테크닉과 결합해 나갔습니다.[77] 따라서 초기에는 환영을 추구하는 객관적 마임에 매달렸지만, 후기에는 사고의 흐름을 신체로 표현하는 방법들에 관해서 세밀하게 탐구해 나갑니다. 그는 '상황을 모방하지 않으며 인지 효과를 겨냥하지 않는 제스처'를 연구했는데, 몸을 통한 사유의 흐름인 주관적 마임은 비록 관객들에게 어렵게 느껴졌지만, 그에게 있어서는 항상 구체성에 토대를 둔 표현으로 '추상적이며 간결한, 순수한 마임'[78]이었습니다.

드크루는 자신이 창조한 코포럴마임과 판토마임과의 차이는 '진지함'이고, 무용과의 차이는 '투쟁하는 모습'이라고 말합니다.

Q : 많은 사람이 무용과 코포럴마임(Corporeal mime), 그리고 판토마임과 코포럴마임을 혼동합니다. 그 차이를 정확히 설명해 주실 수 있습니까?

---

[76] 토머스 리브하트, p. 21.
[77] 토머스 리브하트, p. 56.
[78] 빠트리스 파비스, p. 131.

A : 시도해 보겠습니다. 나는 비록 모든 예술에서 동일한 정도로 영감을 받은 것은 아니지만, 예술 대부분에서 영감을 받습니다. 그러나 그중 나를 불쾌하게 하는 것이 하나 있는데. 바로 판토마임입니다. 판토마임은 부족한 말 대신 손과 얼굴로 무언가 설명하려는 연극(play)으로, 나는 이런 형식을 혐오합니다. 만일 어떤 이가 단지 과장하기 위해 얼굴을 찡그린다면 그는 그 찡그린 표정을 통해 거짓된 무언가를 만들었다는 비난을 받아 마땅합니다. 그 얼굴은 그저 기괴하고 추잡하며 기초적인 욕구를 되살릴 뿐입니다. 그것은 예술이 아닙니다. 판토마임은 사람들을 즐겁게 하기 위해 존재합니다. 그 사실 자체가 나에게는 전혀 즐겁지 않습니다. 예술은 진지해야 합니다.

무용은 리듬 자체가 규칙이지만, 무용과 달리 마임에서의 리듬은 예외적입니다. 마임의 전체적인 통일성을 유지하기 위해 리듬이 있기는 하지만, 마임 작품 그 자체는 놀라움과 극적 망설임에 기반합니다. 마임은 서서히 태어나고 자라나야 합니다. 우리는 무대 위에서 살아있는 무용을 보지만 그것이 어떻게 태어나고 죽는지 알지 못합니다. 무용공연은 우리에게 무용의 탄생을 보여주지 않습니다. 무용은 보통 음악 악보와 함께 탄생하며 그 위에 연극적인 요소가 첨가됩니다. 무용수의 전통적인 모습은 자유롭고 날아오릅니다. 마임의 전형적인 모습은 투쟁하며 땅에 붙어 있습니다.[79]

---

79 *Mime Journal* No. 7 and 8, pp. 62-63.

드크루는 코포럴마임에서 '진지함'과 '예외적 리듬'을 움직임의 전개 과정에서 실현코자 했으며, 이에 대한 형상화 작업에 몰두하였습니다. 그는 탐구과정에서 "태도는 종지부에 지나지 않는 동작 예술이고, 제스처는 제스처의 주요 순간들(만)을 강조한다. (코포럴마임은) 어떤 행동이 시작되거나 끝나기 전에 즉각적으로 멈추고, 몸짓 행동의 결과가 아니라 그 전개 과정에 관심을 붙들어 맴으로써 분절법의 리듬을 강조한다"[80]라고 역설합니다.

드크루의 신체 분절법은 신체의 모든 부분을 분절해서 움직이는 테크닉입니다. 이것을 통해 피아니스트가 건반을 치듯, 마임 배우는 표현하고 싶은 신체 부분만을 움직일 수 있게 되는 것입니다. 이것은 몸의 표현을 극대화하기 위한 특별한 마임 스케일로, 코포럴마임의 가장 중요한 신체 조절 방법 중 하나입니다. 분절 스케일은 머리와 해머(머리와 목), 흉상(머리와 목과 앞가슴), 몸통(머리와 목과 가슴과 허리)을 일치되는 방향이나 그 반대 방향으로 축을 이루며 기울이는 방법 등이 있습니다.[81] 이것을 드크루는 '목 없는 머리, 가슴 없는 목, 허리 없는 가슴, 골반 없는 허리, 다리 없는 골반'으로 설명합니다.[82] 그러면서 "인간의 몸은 세계 지도로, 각기 국경이 있다"[83]라고 분절에 관해 강조합니다.

---

[80] 빠트리스 파비스, p. 131 / 괄호(　)는 필자의 부연 설명.
[81] 토머스 리브하트, pp. 77-78.
[82] *Mime Journal* No. 7 and 8, p. 16.
[83] 남긍호, 윤종연.

내가 한 것은 피아노의 건반처럼 인간의 몸을 생각한 것이다. 물론 이것은 유추일 뿐이다. 인간의 몸이 건반처럼 정확하지 않다는 것을 알고 있다. 건반에서, 한 음은 다른 음과 항상 분리된다. 그러나 몸은 머리부터 가슴을 분리할 수 없다. 가슴이 움직인다면 머리는 자동으로 어떤 움직임을 갖는다. 그러나 그럼에도 불구하고, 생각은 분절에 있다.

음악을 완벽하게 모방할 수 없는 예술이라고 생각하는 것처럼, 완벽하게 할 수는 없지만, 충분히 알 수 있도록 모방하기 위해 노력하는 것과 비슷하다고 볼 수 있다. 우리는 계속 나아갈 것이다. 음악은 거의 모든 것을 발견해냈기 때문이다. 우리는 건반을 우리에게 고취하는 어떤 것이라고 생각한다. 몸은 갈망하고 생각하는 것을 제외하면 아무것도 일어나지 않는다. 피아니스트가 건반과 관계를 맺듯 배우는 자신의 몸과 관계(relationship)를 가져야만 한다.[84]

드크루는 배우가 자신의 몸과 관계를 맺기 위하여 '드라마틱한 몸의 사선(heroic diagonal)'을 발견합니다. 이것은 머리 꼭대기에서 왼쪽 발끝으로 이어지는 대각선을 말하며, 몸의 무게가 앞으로 뻗은 한쪽 다리에 실려 있고, 몸통의 중심에서부터 흘러내리는 다리의 측선이 발목까지 이어져 있는 것입니다. 이 선은 일종의 평행을 이루려는 힘으로, 전방으로의 중력을 보여줍니다. 드크루는 이 '드라마틱한 몸의 선'이 프랑스의 혁명 시기를 포함한 다른 정치적, 육체적 참여 시기에 만들어진 많은 조각상에서 전형적인 특징으로 나타나고 있음을 발견합니다. 그 대각선 속에

---

84 *Mime Journal* No. 7 and 8, p. 15.

서 스스로 위험을 무릅쓰고 있는 몸의 선을 자각하여,[85] 이 역동적인 느낌을 불러일으키는 '드라마틱한 몸의 사선'을 배우는 적극적으로 선택해야 한다고 강조합니다. 하지만 드크루는 배우들의 신체적 자질에 관해 말하면서 파스칼의 '기하학적 정신'에 더 방점을 찍습니다.

고전무용을 전공한 배우(학생)들이 있습니다. 그러나 그들은 연극적으로 사고할 줄 알아야 합니다. 매우 서투른 배우들이 있습니다. 그러나 그들 안에는 무언가 잠재된 가능성이 있습니다. 그들은 정열적이며 현존하고 있습니다. 그들은 무언가 말할 것이 있으며, 조금씩 육체적으로 움직이는 법을 배웁니다. 그들은 신체의 각 부분과 그들 자신의 신체 안에서 살아가는 것, 그리고 하나의 부분을 다른 부분과 혼동하지 않는 것을 배웁니다. 또 다른 이들은 모든 것을 그 자리에서 바로 이해하고 우리가 요구하는 바를 해냅니다. 그러나 그들은 인격이 아직 충분히 자라지 않았기 때문에 별로 '말할 것'이 없습니다. 만일 어떤 이에게 인격만 있고 능력이 모자란다면 그러한 문제는 시간이 감에 따라 해결될 것입니다. 그러나 만약 그 반대의 경우라면 그는 모든 것을 잃게 될 겁니다. 제가 강조하는 것은 파스칼이 말한 '기하학적 정신'입니다. 이것은 종종 과학적인 정신과 혼동되기도 합니다. 무엇이 과학이고 무엇이 예술일까요? 예술은 자신이 받은 인상을 세밀하게 이야기하는 것입니다. 과학 안에는 우리가 경외하는 외적인 힘이 있다는 데 아마 우리 대부분이 동의할 겁니다. 잠을 설친 사람의 영역은 숙면한

---

[85] 토머스 리브하트, p. 53 참조 / 혁명기는 혁명 시기, 참여기는 참여 시기로 바꾸어 옮김.

이의 그것과 같습니다. 우리의 예술 안에는 이러한 기하학적 정신과 시적인 기교의 가치가 동시에 있어야 합니다. 예술가는 그의 고통을 울부짖음이 아닌 언어로 표현해야 합니다. 시인들은 그들 나름의 언어가 있습니다. 그들의 울부짖음은 끓는 액체와 같지만, 그 액체는 가느다란 관을 통과하면서 언어가 됩니다. 이것이 바로 배우들이 우선 배워야 하는 점입니다. 단순히 울부짖는 것이 아니라 정교한 기하학적 관을 통해서 울부짖어야 합니다. 이외에도 배우들은 그의 몸에 관해서 배워야 합니다. 오른쪽이 무엇이고, 왼쪽은 무엇인지, 수직과 수평은 무엇인지, 머리와 다리는 무엇인지 배워야 합니다. 배우들은 그의 몸을 하나의 척도로 생각해야 하며 그의 몸이 공간을 채우고 공간이 그의 몸으로 채워진다는 개념을 익혀야 합니다. 이것은 매우 중요한 사항이며 하찮게 여겨서는 안 됩니다. 만약 누군가가 이렇게 규칙을 세워 거기에 복종하는 것이 시적 감성의 탄생과 발달을 가로막는다고 말한다면 나는 시작법에 관련한 여러 규범을 보라고 말할 것입니다. 그들의 고통을 가지고 우리를 감동하게 한 모든 위대한 시인은 그들 내장에서 나오는 울부짖음이 아니라 그들이 배운 언어로 그들의 고통을 표현하였습니다. 음악도 마찬가지입니다. 가장 기교가 뛰어난 예술이란 우리의 영혼을 가장 충실하게 보여주는 데 성공한 예술입니다.[86]

드크루는 인간의 욕망에서 몸의 울부짖음을 네 가지의 인간 유형으로 구분하여, 몸짓언어로 구축합니다. 코포럴마임은 이것을 네 가지의

---

[86] *Mime Journal* No. 7 and 8, pp. 60-61.

연기 양식(style)으로 창안합니다. 이 네 가지의 연기 양식은 '스포츠 인간(L'homme de sport)', '살롱 인간(L'homme de salon)', '움직이는 조각(Statuaire mobile)', 그리고 '꿈을 꾸는 인간(L'homme de songe)'입니다. 이 명칭은 드크루의 시적, 철학적인 은유적 표현에서 나온 용어입니다. 이 네 가지 코포럴마임의 연기 방식은 독립된 연기 양식 하나로만 구성되어 있는 것이라기보다는 다양한 방법으로 통합되어 나타납니다. 이에 관해 좀 더 실질적으로 접근하고자, 드크루 학교에서 수학하고 가르치며 극단 활동을 했던 김용철과 베로니카 겐즈(Veronika Genz)의 「드크루 시연강의」 자료를 인용하였습니다.[87]

먼저 코포럴마임의 기본 테크닉인 '카운터웨이트(counterweight)'를 살펴본 후 네 가지의 연기 양식에 관해 서술하겠습니다. '카운터웨이트'는 코포럴마임에서 가장 기초적인 테크닉이기 때문입니다. 이에 대해 김용철은 베로니카의 시연과 함께 다음과 같이 설명합니다.

코포럴마임에서 가장 기초적 테크닉이라고 할 수 있는 '카운터웨이트(counterweight)'는 우리말로 직역하면 '평형력' 혹은 '균형을 취하는 힘'이라 할 수 있습니다. 드크루는 이 '카운터웨이트'를 코포럴마임 문법의 기초로 삼았고 네 가지의 이론적인 카운터웨이트를 발견합니다. 이 '이론적 카운터웨이트'의 출발점은 '근원적

---

[87] 김용철과 베로니카 겐즈는 극단 '미러드 미라지(Mirrored Mirage)'를 창단한 후, 2004년 춘천마임축제에 참가하였습니다. 저는 그들에게 드크루에 관한 강의를 부탁하였습니다. 인용한 글은 연극원에서 「드크루 실연강의」를 한 내용입니다. 김용철은 강의와 시연을, 베로니카는 코포럴마임의 테크닉을 시범 보이고, 작품들을 시연하였습니다.

갈등'으로 '쓰러짐(낙하)', '일어서기(상승)', 그리고 '저항력'이 있습니다. '이론적 카운터웨이트'는 일상생활을 무대 위에 그대로 재현한다기보다는 무게나 근원적 갈등을 연기의 재료로 쓰기 위한 기본연습입니다. 이 기본연습은 다리의 움직임과 긴밀하게 관련됩니다. 다리는 몸 즉, 몸통인 트렁크(trunk)의 움직임을 확장시켜 배우로 하여금 공간의 이동과 무게의 재현을 할 수 있도록 도와줍니다.[88]

드크루는 지속적인 탐구과정을 통해 카운터웨이트에서 무게를 재현해낼 수 있는 네 가지의 방법을 발견합니다. 두 가지는 중력과 같은 방향으로 향하는 것이고, 나머지 두 가지는 중력과 반대 방향으로 향하는 것입니다.[89] '네 가지 이론적 카운터웨이트'는 다음과 같습니다.

첫 번째는 'Suppression of Support'입니다. 직역하자면 '받침의 제거'라 할 수 있으며, '지지점' 혹은 '기둥'의 제거라고도 하겠습니다. 이것은 두 다리로 몸을 지지한 상태에서 한쪽 다리의 지지점을 제거한 후 트렁크의 무너짐을 방지하기 위해서 그 들어 올린 다리를 다시 몸의 중심 선상에 재배열하는 것을 뜻합니다. 'Suppression of Support'는 트렁크가 무언가를 밀어낼 수 있도록 준비 위치에 가져다 놓을 수 있습니다. 이때 트렁크는 중력과 같은 방향입니다.

두 번째는 'Sissone(시손느)'입니다. 이는 발레 용어입니다. 'Sissone'

---

88 김용철, 베로니카 겐즈 자료에서 인용.
89 김용철, 베로니카 겐즈

는 사람 이름이고 이 움직임 원리의 처음 발견자라고 합니다. 드크루는 그에 대한 배려에서였는지 'Sissone'라는 명칭을 그대로 인용합니다. 이 카운터웨이트는 트렁크가 중력에 반하여 저항하고, 다리가 구부러진 상태에서 수직인 상태로의 변화를 말합니다. 이때 배우의 특별한 순간 추진력(impulse)이 필요하고 이 추진력은 배우가 무언가를 밀어 올릴 수 있는 힘을 제공합니다.

세 번째는 'Cardeuse(카르도즈)'입니다. 이 이름은 옛날 프랑스의 양을 키우는 목장에서 쓰던 양털 빗기는 기계를 말하고, 이 빗의 움직임에 드크루가 영감을 받아 붙인 이름이라고 합니다. 'Cardeuse'는 'Sissone'와 마찬가지로 몸무게가 중력과 반대하는 방향으로 움직입니다. 하지만 좀 더 강렬한 움직임입니다. 다리는 거의 한계지점까지 구부러지고, 그러고는 솟아오릅니다. 이 움직임은 몸 전체로 팔을 이용해 무언가를 땅에서 들어 올릴 때 이용됩니다.

네 번째는 'Tombe sur la Tete(To fall on the Head)'입니다. 우리말로 해석하면 '머리로 땅에 떨어지기' 정도 되겠습니다. 이 테크닉에서 중요한 점은 머리로 떨어진다는 것이고, 그러기 위해서는 약간의 점프가 필요해집니다. 그리고 몸 전체가 중력과 같은 방향으로 향하는데, 즉 하강하는데 이때 물체를 밀어 내릴 수 있는 힘을 얻게 됩니다. 발레와는 반대로 코포럴마임에 있어서는 몸이 땅에 부딪힐 때의 충격을 숨기지 않습니다. 오히려 그것을 확대시켜서 근원적 갈등, 즉 드라마의 표현을 극대화한다고 하겠습니다.[90]

---

[90] 김용철, 베로니카 겐즈

코포럴마임은 위에서 설명한 네 가지의 기본적인 카운터웨이트를 바탕으로 무게와 중력의 근원적 갈등, 수없이 많은 신체적 갈등과 관련된 움직임의 변형을 탐구하고 재현합니다. 예를 들면 스포츠의 움직임, 노동의 움직임 등입니다. 드크루는 이론적 카운터웨이트의 확장된 이것을 일러 'professional counterweight(전문적 카운터웨이트)'라 이름 지었습니다.[91]

이제 조금 더 깊은 단계로 들어가겠습니다. 몸의 움직임을 통해 드라마, 즉 심리적 갈등의 재현을 시도해 보는 것입니다. 이때 사용되는 카운터웨이트를 이름하여 '심리적 카운터웨이트(moral counterweight)'라 합니다. 드크루가 "모든 것에는 무게가 있다. 다루어야 할 것은 무게다"라고 말했을 때 그것은 단지 눈에 보이는 것만을 뜻하는 건 아닙니다. 그는 느낌이나 생각에 대해서도 무게를 적용했습니다.[92]

'심리적 카운터웨이트'에는 '은유적 카운터웨이트(Metaphorical Counterweight, L'orateur politique)', 그리고 '은밀한 카운터웨이트(The Intimate Counterweight)'가 있습니다. 우선 '은유적 카운터웨이트'에 대해 김용철은 다음과 같이 설명합니다.

드크루는 정치에 열정적이었습니다. 그는 정치적인 연설에 대해서, 즉 막힘없는 웅변술에 관심이 지대했습니다. 그래서 드크루는

---

[91] 김용철, 베로니카 겐즈
[92] 김용철, 베로니카 겐즈

지난 세기 정치인들의 연설을 관찰하고는 두 가지 점에 주목했습니다. 첫 번째는 그 당시 정치가들이 사용하던 언어입니다. 당시에 행해진 연설 속의 언어는 '물리적 무게'의 은유적 표현들로 가득했습니다. 예를 들자면 "인권을 끌어올리자!"라든가 "세상을 들어 올리자" 등입니다. 드크루는 지난 세기 정치적 연설 속에서 사용되던 언어가 육체적 행동과 물리적 무게를 많이 참고했음을 봤던 것입니다. 두 번째로 드크루가 발견한 것은 정치가들의 움직임입니다. 마이크나 스피커가 현재처럼 발전하지 않았기 때문에, 웅변가들의 움직임은 자신들의 말을 군중들에게 분명히 전달하기 위해 중요했고, 강조될 수밖에 없었습니다. 이 웅변가들의 움직임이란 들어 올리기, 밀기, 끌기, 연단 내려치기 등입니다. 이 모든 움직임은 드크루에게 카운터웨이트의 또 다른 이용에 관한 영감을 주었습니다. 카운터웨이트가 언어에서 사용되는 은유(metaphor)를 표현할 수 있다고 생각한 것입니다. 이것이 '은유적 카운터웨이트'라고 불리는 '심리적 카운터웨이트'의 한 예가 되겠습니다.[93]

이어서 베로니카 겐즈는 '은유적 카운터웨이트'의 한 예로 「웅변가(Political orator)」라는 소품[94]을 시연하였습니다. 이 소품은 은유적 카운터웨이트를 연구하고 발전시키기 위한 훈련입니다. 여기서 사용되는 주요 테크닉은 노동이나 스포츠 움직임의 전이(轉移, transition)이고, 이것

---

[93] 김용철, 베로니카 겐즈
[94] 소품(小品): 공연의 소요 시간이 짧거나, 공연 규모가 비교적 작은 작품

을 통해서 정치적 연설의 열정을 움직임으로 형상화합니다. 베로니카의 시연은 실제로 존재하는 것이 아니라 웅변가의 연설문 속에, 머릿속에 들어있는 주관적 무게를 표현합니다. 시연 순서는 다음과 같습니다.

「웅변가(Political orator)」 소품 시연

* The orator sets. (웅변가를 구성하는 요소)
1) (Transposition of) Weight lifter. (무게를 들어 올리는 사람)
2) (Transposition of) the Black Smith. (대장장이의 망치질)
3) (Transposition of) the pulling of the rope. (밧줄 끌어당기기)
4) (Transposition of) the fisherman's net.[95] (어부의 그물)

베로니카는 웅변가가 되어 군중들 앞에 섭니다. 첫 번째 순서는 「무게를 들어 올리는 사람」이라는 소품의 전이입니다. 물리적 무게를 들어 올리는 것이 아니라 군중들을 맞아들이기 위해서, 그리고 그들의 정신을 고양하기 위한 움직임으로 이행(移行)되었습니다. 실제의 카운터웨이트는 'Cardeuse(카르도즈)'와 'Sissone(시손느)'입니다. 두 번째 순서는 「대장장이의 망치질」이라는 소품의 전이입니다. 군중의 시선을 끌기 위한 움직임입니다. 주요 카운터웨이트는 '머리로 땅에 떨어지기(To fall on the Head, Tombe sur la tete)'입니다. 세 번째는 「밧줄 끌어당기기」라는 소품의 전이입니다. 이것은 군중의 마음을 웅변가 자신 쪽으로 끌어당기는 표현입니다. 주요 카운터웨이트는 '받침의 제거(혹은 지지

---

[95] 김용철, 베로니카 겐즈

점, suppression of support)'입니다. 네 번째는 「어부의 그물」이라는 소품의 전이입니다. 이것은 군중이 처한 운명 속으로 내던져지는 모습으로 비추어질 수 있습니다.[96]

'심리적 카운터웨이트'의 또 다른 예는 '은밀한 카운터웨이트'입니다. 또는 '작은(little) 카운터웨이트'라고도 알려져 있습니다. 이것은 배우가 지금까지 설명한 모든 카운터웨이트의 원리를 상당히 은밀한 방법으로 연기해내는 것입니다. 모든 카운터웨이트에서 사용된 근육의 움직임은 그 느낌만이 존재합니다.[97]

베로니카는 '은밀한 카운터웨이트'의 시연으로 소품 「나쁜 소식」에서 편지를 받은 여인을 연기하였습니다. 베로니카는 모든 카운터웨이트를 사용하지만, 관객의 눈에는 거의 보이지 않습니다. 이유는 나쁜 소식의 편지를 받은 상황에서, 감정의 표현을 위주로 하기 때문입니다. 이는 상황의 무게를 표현하기 위해서입니다.

먼저 편지를 들어 올립니다. 나쁜 소식의 무게를 표현하기 위해서, 극히 작은 'Cardeuse(카르도즈)'를 사용합니다. 두 번째로 편지를 봉투에서 끄집어냅니다. 「밧줄 끌어당기기」에서와 같은 카운터웨이트를 사용해서 정신적인 힘겨움을 나타냅니다. 세 번째로 편지를 읽습니다. 몸의 무게가 내려앉습니다. 그러고는 편지를 밀쳐냅니다. 이것은 소품 「대장장이의 망치질」을 은밀하게 사용합니다. 네 번째로 편지를 내던져 버립니다. 이것은 「어부의 그물」에서 사용되는 카운터웨이트의 울림(echo)

---

96 김용철, 베로니카 겐즈
97 김용철, 베로니카 겐즈

이라 하겠습니다.[98]

현대의 리얼리즘 연극에도 자주 언급되는 '몸으로 생각하기'가 저에겐 뜬구름 잡는 말처럼, 관념적으로 다가오곤 합니다. '손으로 울고, 엉덩이로 웃고, 발가락으로 화내고...'라는 말처럼 몸으로 생각한다는 것이 실제적인 행동으로 연기하기에는 막연하고 추상적인 경우가 적지 않습니다. 배우 내부에서 감정을 끌어오는 표현도 너무 그 순간에 몰입되어 버려 감정의 기복이 심할 때가 종종 있습니다. 한 예로 악독한 에너지를 뿜어내야 하는 복수 장면에서 상대 배우와의 감정 흐름에 몰두하다가 슬픈 이별의 장면이 되기도 합니다.

베로니카의 '은밀한 카운터웨이트'를 관람하면서 드크루가 추구했던 배우의 감정표현에 관한 접근법을 실감하였고, 이후 저는 마임을 공연하고 움직임을 지도하면서 드크루의 '카운터웨이트'를 지속해서 실험하고 있습니다.

'은밀한 카운터웨이트'는 현대의 배우에게 몸으로 생각하는 연기접근법에 관한 철학적 논리와 실제적인 방법을 제시합니다. 철학적 접근은 하이데거에게서 찾을 수 있습니다. 하이데거는 예술을 존재의 은폐된 모습을 드러내는 진리의 과정으로 보았습니다. 그는 이 과정을 궁극적으로 '기술(Techne)'과 동일하게 고찰합니다. 하이데거는 고흐가 그린 구두에서 존재의 참모습을 보았습니다. 여기서 존재의 참모습이란 진리를 의미합니다. 하이데거는 진리의 참된 정의를 고대 그리스어 '알레테이아

---

[98] 김용철, 베로니카 겐즈

(Aletheia)'에서 발견하는데, '알레테이아'는 '숨어 있지 않음 (Unverborgenheit)'으로 해석할 수 있습니다. 존재란 원래 숨어 있지 않은 것이지만 인간의 협소한 눈에는 항상 왜곡되고 감춰집니다. 하이데거에게 예술이란 왜곡된 인간의 시야에서 벗어나서 존재의 모습을 드러내는 것입니다. 고흐가 그린 구두는 우리의 왜곡된 시야로 본 세계와는 다른 도시의 삶 속에서 은폐된 소박하고도 경건한 세계를 형상화합니다. 예술작품이란 은폐된 삶, 즉 존재의 모습을 '숨기지 않고' 드러냅니다. 그러므로 하이데거에게 예술이란, 아름답게 치장하거나 미적 쾌감을 주는 것이 아닌 은폐된 존재의 본래 모습, 즉 진리를 드러내는 활동입니다.[99] 저에게 있어서 '은밀한 카운테웨이트'의 테크닉인 근육의 움직임은 바로 하이데거의 은폐된 존재의 본래 모습으로 반영됩니다.

　　배우들이 감정표현의 연기를 구축해갈 때, 몸의 움직임을 확장하는 데 특히 은밀한 카운테웨이트의 방법은 큰 도움이 됩니다. 연극이나 영화에서 리얼리즘의 감정표현을 구축할 때, 배우는 움직임을 마음속으로 새기는 은밀한 카운터웨이트를 활용하여, 연기하는 동안 감정에만 의존하지 않고 좀 더 창의적인 액션으로 진정성 있는 연기를 수행할 수 있습니다.

　　저는 배우로서 그리고 배우들에게 연기 움직임을 가르치면서 '심리적, 은밀한 카운테웨이트'에서 큰 도움을 받습니다. 특히 보다 직접적인 움직임의 언어로 배우와 소통하는 데 상당한 도움이 됩니다. 이는 장면

---

[99] 박영욱, 「예술은 은폐된 존재의 모습을 드러낸다」, 『네이버 지식백과－보고 듣고 만지는 현대사상』(https://terms.naver.com/entry.naver?docId=4355986&categoryId=59912&cid=41908) 참조.

의 목표에 효율적으로 다가가는 데에도 막대한 영향을 줍니다. 심리적이고 은밀한 움직임의 표현은 현대의 배우에게 새로운 꿈의 변형에 참여할 수 있는 길을 제안합니다. 언젠가는 움직임에 관한 저의 연구가 근원적인 갈등의 승화된 표현에까지 이르게 되길 소망합니다.

이상 코포럴마임의 기본 테크닉인 카운터웨이트에 관해 살펴보았습니다. 여기에서 카운터웨이트가 선명하게 나타나는, 즉 배우의 '근육의 노력'이 관객에게 극명하게 전달되는 연기 양식을 '스포츠 인간'이라 합니다.[100] 이제부터 코포럴마임의 네 가지 연기 양식인 '스포츠 인간(L'homme de sport)', '살롱 인간(L'homme de salon)', '움직이는 조각(Statuaire mobile)', 그리고 '꿈을 꾸는 인간(L'homme de songe)'에 관해서 좀 더 자세하게 서술하겠습니다.[101]

코포럴마임의 네 가지의 연기 양식 중 '스포츠 인간(L'homme de sport)'을 먼저 살펴보겠습니다. '스포츠 인간'은 태초의 인간으로부터 산업혁명 이전까지의 노동자들이 모델입니다. 이 긴 기간 동안 인간은 근육의 힘에 생존을 의지하며, 근육 활동으로 경제생활의 기반을 삼았습니

---

[100] 김용철, 베로니카의 「드크루 실연강의」 자료에는 '선명하게 보여지는' 그리고 '근육의 노력이 보여지는'으로 되어있습니다. 연기를 설명하는 용어로 '보여진다'라는 말은 매우 조심스럽습니다. 배우가 보여주려는 연기를 할 때 너무나 많은 함정에 빠지고, 특히 진실하지 못한 연기가 되곤 하기 때문입니다. 그래서 자료에 실린 글의 의미를 더 진정성 있게 전달하고자 '보여지는'의 글을 '나타나는', '전달되는' 등으로 바꾸어 옮깁니다.

[101] '스포츠 인간', '살롱 인간', '움직이는 조각', 그리고 '꿈을 꾸는 인간'은 김용철이 1차로 직역한 용어입니다. 그는 스포츠 인간을 '노동의 인간'으로, 살롱 인간을 '사회(관습)적 인간'으로 번역하는 것이 적절하지 않을까 하는 생각을 토론한 바 있습니다. 저는 우선 드크루의 용어를 직역한 단어를 그대로 사용하였습니다.

다. 여러 스포츠의 움직임에서 우리는 근육에 대한 본능적인 인간의 향수를 발견할 수 있습니다. 예를 들면 달리기, 높이뛰기, 던지기, 격투기 등입니다. '스포츠 인간'은 물리적이며 심리적인 배우의 갈등을 선명하게 드러내는 연기 방법입니다. 연기 방법은 인간 근육의 노력을 최대한 확대함으로써 '카운터웨이트(counter weight)'를 극명하게 나타냅니다.[102]

다음으로 코포럴마임의 연기 양식 중 '살롱 인간(L'homme de salon)'입니다. 살롱(salon)은 프랑스 상류사회의 대저택에 있는 응접실로, '살롱 인간'은 파티나 모임을 연상시킵니다. 즉 '살롱 인간'은 '사회적 인간'입니다. 이 연기 방법은 배우의 근육 노력이 드러나지 않는 상황에 그 초점이 맞추어져 있으며, 산업혁명 이후 현재까지 인간의 행동 양식을 모델로 하였습니다. 근육의 힘에 생존을 의지했던 원시 인간은 산업혁명 이후 힘든 노동을 기계로 대체했고, 시간과 정신적인 여유에 따라 새로운 인간의 문화가 시작됩니다. 바로 인간 상호 간 몸가짐의 공손한 표현, 격식의 발전으로 나타나게 됩니다. 원시적 동물의 속성에 또 다른 인간의 존재 성격이 더해진 것입니다. 굶주려서 먹을 것을 찾던 단계에서 음식 맛을 보기 위해 살짝 먹어보고 그것을 즐기는 단계로의 발전이라 하겠습니다. 이 단계에서 필요해지는 것은 그것을 맛볼 수 있는 고급 음식점과 서비스, 그런 장소에 걸맞은 몸가짐, 즉 격식을 예로 들 수 있습니다. 따라서 이 연기 방식의 핵심은 인간의 원시 경제적 기반이었던 근육의 노력, 즉 카운터웨이트(counterweight)를 숨김과 동시에 고도

---

[102] 김용철, 베로니카 겐즈 자료에서 인용.

화된 몸의 분절을 강조하는 방법으로 나타납니다.[103] 또한, 인간 상호 간에 창조해낸 격식(예식)이 고도로 숙련되어 거의 기계적으로 보이고, 이를 기술적으로 몸의 분절을 통해 형상화합니다. 이렇게 산업화한 사회적 인간의 특징을 드크루는 "인간은 신을 만들어냈고, 그 신을 모방하려 노력한다. 사회적 인간의 특징은 인간들이 창조해낸 기계를 모방하려는 데 있다"라고 말합니다.[104]

김용철과 베로니카는 사회적 인간의 특징을 소품 「컵을 들어 올리는 26가지 움직임」으로 시연했습니다. 이 소품은 사회적 인간을 표현한 연기 양식의 한 예로, 기계를 모방하려는 인간의 욕망이 읽힙니다. 저는 이 시연에서 분리되는 몸들, 그 분절된 몸의 움직임에서 발생하는 다양한 차원의 공간을 느낄 수 있었습니다. 그리고 몸의 분절, 움직임의 분절, 공간의 분절에 관해 좀 더 뚜렷하게 이해되었습니다.

코포럴마임의 네 가지 연기 양식 중 '스포츠 인간'과 '살롱 인간'을 살펴보았습니다. 다음 세 번째 연기 양식인 '움직이는 조각(Statuaire mobile)'을 소개하기 전에 코포럴마임의 기본 테크닉인 리듬을 알아보겠습니다. 코포럴마임의 기본 테크닉인 리듬 역시 카운테웨이트와 마찬가지로 연기 양식에 필수적으로 활용됩니다. 김용철은 코포럴마임의 테크닉적인 특성으로 '다이나모 리듬(Dynamo Rhythm)'을 강조합니다.

---

[103] 김용철, 베로니카 겐즈
[104] 김용철, 베로니카 겐즈

'다이나모 리듬(Dynamo Rhythm)'은 움직임의 속도와 강도의 합성을 뜻하는 말로, 드크루가 만들어낸 용어입니다. 움직임의 속도와 강도는 당연히 극적 상황의 지배를 받습니다. 따라서 리듬의 원인과 결과 즉 인과관계가 명확하다고 하겠습니다. 드크루 생전 그가 크게 나눈 다이나모 리듬은 6개이고, 그 나머지 모든 리듬은 이 여섯 가지의 조화라 할 수 있습니다.

다이나모 리듬(Dynamo Rhythm)

1. Toc Motor(톡)
2. Toc Buttoire(Toc Double, 톡톡)
3. Toc Global
4. Punctuation
5. Vibration
6. Snail Antenna

간략한 내용은 다음과 같습니다.

1. **Toc Motor(톡):** 근육의 급격한 폭발 혹은 수축을 말하고, 그 후에 여운(공명)이 따릅니다. (시범으로 Head Toc)
2. **Toc Buttoire(Toc Double, 톡톡):** 톡톡은 두 번의 톡 이후에 여운이 따라옵니다. (시범으로 Head double Toc)
3. **Toc Global:** 몸 전체의 톡이라 할 수 있습니다. 온몸의 근육이 일시적 폭발 혹은 수축에 참여합니다. (시범으로 Eiffel tower Toc Global)

4. Punctuation: 이것은 문장의 마침표와 같이 움직임의 마침을 보여주는데, 이건 달리 말하자면 여운 후의 톡과 같다고 하겠습니다. 움직이던 마지막 그 위치를 그대로 지키는 것이 특징이라 하겠습니다. (시범으로 Eiffel tower Punctuation)

5. Vibration: 진동입니다. 원하는 몸의 부분에 진동을 주기 위해서 항상 그 몸을 지지하는 지지점이 필요합니다. 팔을 예로 들면 어깨가 지지점이며, 이두박근이 진동의 근원지라 하겠습니다. (시범으로 Arm vibration in Meditation)

6. Snail Antenna: 달팽이의 더듬이를 생각하면 됩니다. 달팽이를 손으로 건드리면 수축하는 것을 볼 수 있고, 드크루 또한 거기서 영감을 받아 이름을 지었습니다. 이 움직임은 예상하지 못했던 감각이나 느낌에 대한 반응입니다. (시범으로 snail antenna in Meditation)[105]

다시 코포럴마임의 연기 양식으로 돌아가서 '움직이는 조각(Statuaire mobile)'에 관해 알아보겠습니다. '움직이는 조각'은 드크루의 말을 빌리자면 '눈에 보이지 않는 것을 보이게' 만드는 연기 방식입니다. 이 양식은 '사고(思考) 또는 생각'을 몸으로 표현하기 위한 시도에서부터 시작됩니다. 좀 더 구체적으로 '생각의 과정'을 표현한다고 하겠습니다.

드크루가 발견해낸 '사고의 움직임'을 머리의 분절 '머리의 6가지 움직임'을 예로 살펴보면 다음과 같습니다.

---

[105] 김용철, 베로니카 겐즈

사고의 움직임: 머리의 6가지 움직임을 통하여...

1. back   아이디어의 발견, 머리가 뒤로 기울어집니다.

2. forward   아이디어의 분석, 머리가 앞으로 기울어집니다.

3. lateral   의문의 표현, 머리가 옆으로 기울어집니다.

4. rotation   또 다른 아이디어의 발견, 머리가 회전합니다.

5. contradiction 두 아이디어 사이에서 갈등합니다.

                 머리와 목이 서로 다른 방향으로 기울어집니다.

6. crane   모든 방향으로 생각을 되 바라봅니다.[106]

                 머리의 큰 원형 움직임입니다.[107]

이 움직임들은 사고의 과정을 순간적으로 그 핵심만을 포착한 것입니다. 실생활에서 우린 이런 머리의 움직임들을 발견해 낼 수 있습니다. 어떤 생각에 빠진 사람들을 일상생활에서 관찰해보면, 우린 그 사람들이 일순간 정지해 있는 모습을 쉽게 발견할 수 있습니다. 밖에서 보기에 눈에 보이는 동작은 전혀 없다고 볼 수 있을 정도로 정지되어 있는 그런 순간이 있습니다. 하지만 그 순간의 내면은 어떨까요? 그 사람의 머릿속은 생각으로 가득 차 있고 끊임없이 움직일 것입니다. 즉 멈춤이 없고 굴곡이 있을 것이며, 조용한 혹은 성난 소용돌이처럼 회전할 것입니다. 즉 생각이란 건 마치 '길'이 상상의 공간에서 점차 진전하는 것과 같습니다.

---

[106] 다시 모든 방향으로 바라본다는 의미. 머리를 크게 한 바퀴 돌리는 운동방식의 움직임.

[107] 김용철, 베로니카 겐즈

'움직이는 조각'의 연기 방식은 내적 사고의 움직임을 재현해내려는 데 목적이 있습니다. 내적 사고의 점진적 움직임을 눈에 보이는 몸의 점진적 움직임으로 형상화를 시도하는 것입니다. 따라서 머리의 움직임에서 몸 전체로 확장되고, 몸의 각기 다른 부분은 회전과 굴곡을 이루게 됩니다. 이것은 마치 앞서 언급한 상상의 공간 속 '길'과 같다고 하겠습니다.[108]

코포럴마임에서 몸의 확장을 극대화하는 또 다른 방편으로 드크루는 얼굴을 가리는 베일을 씁니다. 잠시 베일에 대해 살펴보겠습니다. 김용철은 코포럴마임에서 사용하는 베일에 관하여 다음과 같이 설명합니다.

> 코포럴마임에서 머리에 베일(veil)을 두르는 이유는 첫째로 개인의 성격을 드러내지 않기 위해서입니다. 그럼으로써 배우는 더 깊은 내면의 세계로 들어가서 한 단계 높은 스타일의 예술세계로 진입할 수 있게 됩니다. 또한 연기의 표현이 시간을 초월하고 좀 더 이상적으로 될 수 있습니다. 그리고 베일을 쓴 배우 입장에서 본다면 베일은 배우에게 좀 더 깊이 집중하도록 요구합니다. 왜냐하면 외부 세계로의 시각적 차단으로 인해서 몸의 평형이나 움직임의 초점, 공간 속에서 자신의 위치 등을 자기 몸 밖에서 더 이상 알아낼 수 없기 때문입니다. 이 모든 문제점은 배우 자신의 기하학적 감수성과 지각으로 극복되어야 합니다.

---

108 김용철, 베로니카 겐즈

둘째로, 베일은 인간의 몸짓을 더 선명하게 드러냅니다. 관객은 본능적으로 얼굴의 이미지와 표정에 주된 관심을 갖습니다. 그렇지만 배우가 얼굴에 베일을 쓰면 관객은 얼굴보다 몸짓에 더 집중을 하게 됩니다. 베일은 마스크와 맨얼굴의 중간 지점에 있습니다. 마스크처럼 견고하지 않고 맨얼굴처럼 공연자 자신을 보여주지도 않습니다. 하지만 베일을 통해서 관객은 살며시 배우의 얼굴 실루엣을 볼 수 있습니다. 베일은, 말하자면 인간의 향기가 남아있는 마스크라 할 수 있습니다.[109]

드크루는 이러한 장점들을 살린 가면으로 얇은 베일(veil)을 착용하고 팬티만 입은 채 거의 나체로 연습과 공연을 했습니다. 그 이유는 가면의 착용과 마찬가지로 몸의 움직임에 집중하기 위해서입니다. 그러나 때때로 가면뿐 아니라, 중립 가면도 관객의 주의를 끌곤 하는 것을 발견하였습니다. 하지만 얇은 천인 베일을 얼굴에 뒤집어쓸 땐 관객이나 작품에 '어떤 주의를 흐리지 않으며', '추상성'을 추구할 수 있었습니다. 그는 이에 대하여 다음과 같이 말합니다.

베일(veil) 그 자체는 일종의 가면이지만 여러 가지 경우에서 가면보다 나은 점이 있다. 「The Trees(나무)」와 「The Carpenter(목수)」 작품에서 비록 베일과 비표현적인 가면이 유사하다고 할지라도, 난 가면보다는 베일을 선호했다. (...) 내가 처음으로 나 사신의 마임을 공연하기 시작했을 때 젊은 여인이 말했다. "당신은 왜 머리

109 김용철, 베로니카 겐즈

에 그걸 쓰고 있죠?" 나는 당시 가면을 구할 방법이 없어서 그물에 리본을 매어놓은 펜싱 가면을 쓰고 있었다. "얼굴에 방해받지 않고 오로지 내 몸의 움직임에 집중하기 위해서입니다"라고 대답했다. 그녀는 "그렇군요. 하지만 그 덕분에 얼굴만 더 보고 싶어지는걸요" 가면을 벗을 때도 여러 번 있었다. 관객들은 그 가면을 마치 구름 속에 가려져 있거나 구름 밖으로 나오는 달처럼 바라보았다. 그 떼어진 얼굴은 팔다리가 없는 거대한 달이 되었다. 하지만 베일은 그처럼 주의를 흐리는 일도 없으며 바람직한 정도로 작품을 추상화한다.[110]

저는 90년대 초반 마임을 공부하면서 드크루의 공연 사진과 영상 등을 보면서 큰 충격을 받았습니다. 특히 그가 베일을 쓰고 한 공연은 노동자의 영혼이 숭고하게 빛나는 몸짓으로 다가왔습니다.

그 후 저는 「새·새·새」 공연을 발표했고, 한국마임협의회에 소속되었습니다. 그리고 국내외 마임 축제 등에서 공연하며 '정신적 방랑'[111]을 심하게 겪었습니다. 우선, 몸에 대한 인식과 마임 테크닉이 충분하지 못했고, 무엇보다도 공연하면서 감정에 휩싸이는 경우가 많았기 때문입니다. 부끄러운 공연에 커튼콜도 못 한 채 망연자실한 적이 한두 번이 아니었습니다. 당시 저의 심정을 대변하는 글을 크레이그의 저술에서 읽을 수 있습니다. 그는 배우가 감정에 휘둘리는 것을 경계하면서 "연기자의 표정 연기는 혼란을 거듭하는데, 자신의 감정에 사로잡혀 있는 겁니다.

---

110 *Mime Journal*, No 7 and 8, pp. 35-36.

111 알렉산더(Frederick Mattias Alexander)는 '정신적 방랑'을 총체적인 신체·심리적 메커니즘의 영향으로 보고 공연자의 장애물로 지적합니다. / 김수기, 『몸을 통한 연기훈련』, p. 33 참조.

감정은 연기자의 신체를 장악하고, 자기의 뜻대로 조종합니다. (…) 열정적인 감정이 밀려오면 약하디 약해져서 인간을 저버릴 수 있다는 겁니다. (…) 감정의 노예가 되면서는 이제 우연이 우연의 꼬리를 무는 상황이 일어납니다. 우리는 여기서 감정이 처음엔 창조적으로 동원됐지만, 나중엔 파괴적인 요소가 된다는 사실을 발견"[112]한다고 말합니다.

저는 감정의 노예인 상태가 되면서 마지막 상승하는 평화로운 새를 형상화하는 장면에서 너무나 고통스러운 얼굴 표정이 드러나곤 하였습니다. 이를 고민하던 중, 공연을 본 염동현 배우는 술자리에서 "마지막 장면에서 형 표정이… 일그러지는데… 평화로웠으면…" 하고 표정에 대해 아쉬워했습니다. 이 조언이 결정적인 계기가 되어, 코포럴마임의 베일이 떠올랐고, 그 후 3년 정도 베일을 쓰고 공연하였습니다.

코포럴마임에서 배우의 몸짓을 선명하게 표현하려는 목적으로 사용되는 베일을 저는 당시 설픔과 작품에 대한 부끄러움 그리고 감정에 휩싸인 얼굴을 가리기 위해서 사용했습니다. 일본의 원로 마임이스트 시미즈 기요시(Kiyoshi Shimizu)는 저의 공연을 보고 베일로 얼굴을 가려서 답답해 보이고 공연자와 멀어지는 느낌을 받았다며, 베일을 벗고 진솔하게 관객과 만나면 좋겠다고 말했습니다. 당시 저의 연극은 경험과 정서를 몸을 통해서 형상화하는 것이었습니다. 의상은 검은 도복(道服)류의 바지만 입었고, 휴지와 인형 등 단순한 오브제를 사용하며 몸짓하였습니다. 하지만 이것은 외적인 모습으로 가난한 연극에 다가가려는 흉내 내기였습니다. 결정적으로 놓치고 간 부분은 몸의 훈련입니다. 무용인이나

---

[112] E. 고든 크레이그, pp. 87-88.

연주자처럼 꾸준하고 철저한 훈련보다는 감상에 지나치게 몰입해 있었던 점이 지금에서야 절절히 안타깝습니다. 어설픈 마임 배우이지만, 저를 있는 그대로 받아들이며 공연하자고 마음을 잡았고, 이후 결핍을 가렸던 베일을 벗었습니다.

배우가 자신감 있게 무대에 서는 힘은 훈련입니다. 코포럴마임의 정신으로 몸의 분절, 호흡 등의 수련을 죽는 날까지 꾸준히 할 수 있기를, 그래서 베일이나 가면을 쓸 때는 결핍이 아닌 몸짓의 개성이 드러나는 작품을 창작하고 공연할 수 있기를 염원합니다.

다시 코포럴마임의 연기 양식으로 돌아가겠습니다. 코포럴마임의 연기 양식에서 마지막은 '꿈을 꾸는 인간(L'homme de songe)'입니다. '꿈을 꾸는 인간'은 백일몽, 몽상 등 삶의 일순간 누구나 경험하는, 현실로부터 일탈하는 순간을 몸으로 재현하는 연기 방식입니다. 현실에서 일탈의 순간이란, 몸은 현재의 어느 장소, 공간에 존재하되, 마음은 과거나 미래 또는 상상의 공간으로 날아가 있는 순간을 말합니다. 눈을 뜨고 꿈을 꾸는 순간인 것입니다. 일상에서 이런 순간들을 관찰해보면, 몸의 움직임이 거의 없는 정지의 순간에 있다는 것을 즉각적으로 발견해낼 수 있습니다. 따라서 이 '꿈을 꾸는 인간'의 연기 방식은 '움직이는 조각'의 방식과 얼핏 같아 보입니다. '꿈을 꾸는 인간'의 연기 방식 또한 보이지 않는 것을 몸을 통해 보이는 것으로 표현하는 방법이기 때문입니다. 이 연기 방식은 특별한 움직임의 종류를 한정 짓지 않습니다. 어떤 움직임도 가능합니다. 문제는 어떻게 하는가의, 다시 말해 어떻게 연기해 내는가의 문제입니다. '꿈을 꾸는 인간' 연기 방식을 이해하는 데 도움을 주는 기술적 개념은 '변형된 중력'입니다. 이 말은 배우가 중력을 원하는 방향으로, 심지어 중력의 성질 자체도 설정할 수 있다는 것입니다. '움직이는 조각' 연기 방식에서는 몸이 어느 방향으로 가 있더라도 결국은 '지면에 수직인 제자리로'[113] 돌아와야 할 것을 아는 반면, '꿈을 꾸는 인간'의 연기 방식에서는 마치 천사들의 움직임과 같이 어느 방향에 배우의 몸이 가 있더라도 바로 그곳이 휴식처가 되는 것이고, 바로 그곳에 중력의 새로운 방향과 성질이 설정되는 것입니다. '움직이는 조각'이 몸의 철학을 구현하는 것이라면 '꿈을 꾸는 인간'은 몸의 시적 표현의 정수(精髓)라 하겠습니다.[114]

'꿈을 꾸는 인간'의 연기 양식은 네 가지 특징이 있습니다.

첫째, 관객에게 그들이 보고 있는 것은 실제가 아닌, 상상한다고 인식할 수 있는 환상을 창조해냅니다. 이때 배우도 자신의 움직임 자체는 실제가 아니라는 믿음이 필요합니다. 다시 말해 배우 자신도 무대 위에서 몽상, 꿈을 꾸고 있는 것입니다. 이 연기 방식에 대해 드크루는 "꿈을 꾸는 인간의 세계에는 돌발적 충격이 없다. 인간을 포함한 우수마발(牛溲馬勃)[115]이 마치 구름으로 구성된 사회처럼 움직인다"라고 말합니다.[116]

---

[113] 배우가 어떤 동작을 한 후, 지면(땅)에 다시 돌아와 서는 자세를 의미한다고 추측합니다.

[114] 김용철, 베로니가 겐즈 자료에서 인용.

[115] 소의 오줌과 말의 똥이라는 뜻으로, 가치 없는 말이나 글 또는 품질이 나쁜 약재(藥材)를 비유적으로 이르는 말.

[116] 김용철, 베로니카 겐즈 자료에서 인용 / '꿈을 꾸는 인간'은 세상만사 모든 사건이 구름 위를 걷는 것 같은 움직임. 악몽이나 꿈속에서의 돌발적인 움직임은 '스포츠 인간'으로 표현.

둘째, 잘 훈련된 평형감각을 이용하는 것입니다. 다시 말하자면 한계지점 직전까지의 상태로 몸을 몰고 가는 것입니다. 이 의미는 몸이 평형감각의 극한지점에서 움직일지라도, 어려움이나 이를 극복한 성취감이 연기를 방해하지 말아야 한다는 것입니다. 드크루의 소품 「멜랑콜리(Melancholic)」가 그 예라 하겠습니다. 이 작품에서 다리는 몸 조절에 상당한 노력이 필요합니다.[117] 우울, 즉 기분의 가라앉음이 몸의 하강(下降)을 통해 표현되기 때문입니다. 기분의 가라앉음을 표현하기 위해, 마치 공기 중에 떠 있는 것 같이 보여야(형상화되어야) 합니다. 눈으로 볼 수 있는 움직임의 이유는 발견되지 않습니다. 그리고 움직임 자체는 쉽고 편하게 보여야(느껴져야) 하는데, 마치 마음이 아무런 저항 없이 (이리저리) 쉽게 표류하는 것같이 보여야(표현되어야)[118] 합니다.

　　셋째, 추억 또는 회상입니다. 더 이상 존재하지 않는 혹은 곁에 없는 무엇이나 누군가를 그리워하고, 과거의 기억 속에서 그것들을 불러냅니다. 이제는 없는 무언가를 구현해 내는 것이라 볼 수 있습니다.

　　넷째, 현실의 굴곡입니다. 몽상의 순간 우리의 마음은 어디로든 달려가고 불가능 없는 상상의 이미지들을 조합해 냅니다. 몽상 속에서는 어떤 사물이나 감정도 굴곡될 수 있습니다. 마음은 끝없이 확장하거나 축소되며, 사람이나 사물, 자연을 변화시킵니다. 「빨래하는 여인」의 '바

---

[117] 상체의 움직임을 지탱하는 다리의 힘이 무엇보다 중요하다는 의미.
[118] '보여지다'라는 단어를 좀 더 이해하는 데 도움이 되고자 하는 부분에 괄호( )를 넣어 부연 표현을 첨가했습니다.

느낄 장면'에서, 처음에는 실제와 다름없는 바느질의 움직임이 보입니다 (표현됩니다). 하지만 여인의 백일몽, 몽상이 시작되자 관객은 이 여인과 함께 현실에서 벗어난 순간을 경험하게 됩니다. 여인의 몽상 속으로의 여행은 바느질의 실을 통해서 표현되고, 바느질의 진행과 함께 실의 길 이는 짧아져 가는 대신에 점점 더 길어집니다.[119]

인간은 꿈에 의해서 괴로워하며, 꿈에 의해서 치료됩니다.[120] 코포럴 마임의 표현은 새로운 꿈의 변형에 참여합니다. 마임의 환영은 배우의 개성적 표현으로 인해 현실을 새롭게 하고, 환영이 현실을 새롭게 창조 합니다. 배우의 창조적 의지와 교섭합니다. 꿈의 한순간은 혼 전체를 내 포합니다. 아직 가보지 못한 여행으로 인도하는 꿈은 새로운 움직임을 추동합니다. 꿈은 배우의 움직임을 더욱 확장하게 하며, 무한한 가능성 으로 안내합니다. 꿈은 세상과 거리 두는 것을 가능하게 하며, 유한을 넘 어 우주를 내포하는 무한과 연결됩니다.

마임의 어떤 움직임은 하나의 장식처럼 사용됩니다. 하지만 그 동 작의 본질은 형식의 장난이나 장식을 넘어서는 것입니다. 이런 체험을 하는 것이 바로 코포럴마임입니다. 배우에게 이미지와 상상은 곧 몸짓입 니다.

---

[119] 김용철, 베로니키 겐즈 자료에서 인용 / 여인의 몽상 속 여행은 바느질의 실을 통해 형상화 됩니다. 현실에서는 바느질이 진행될수록 실의 길이는 짧아지지만, 몽상 속에서의 실은 짧아지 지 않고 오히려 점점 길어집니다. 이렇듯 길어지는 실의 표현으로 여인의 몽상이 움직임으로 형상화됩니다.
[120] 가스통 바슐라르(Gaston Bachelard, 1884~1962): 프랑스 철학자 / p. 14, pp. 96-100 참조.

이상으로 김용철, 베로니카의 '드크루 실연강의'를 통해 코포럴마임의 주요 내용을 살펴보았습니다. 두 분의 강의와 실연에 거듭 감사드립니다.

드크루는 코포럴마임의 연기 양식을 발견하고, 발전시켜 나가며 작품을 창작하였습니다. 그의 작품은 배우의 정제되고 확대된 연기를 통해 관객들의 기억을 '환기'시킵니다. 그가 의도한 것은 묘사나 재연이 아닌 환기이기 때문입니다.[121] 드크루의 대표적인 코포럴마임 작품으로는 「목수」, 「움직이는 조각상(statuaire mobile)」, 「행복한 회상에 잠겨 있는 사람(homme de songe」, 「스포츠」, 「명상(meditation)」 등이 있습니다.

대표작 중에서 특히 「명상」은, 자기 몸을 자신의 의지로 지배하려는 합리적인 배우에 관한 드크루의 개념을 논리적으로 설명하기에 적합합니다. 「명상」에서 배우는 일어서기 시작하면서 생각이 깨어남을 형상화합니다. 생각은 눈과 머리부터 깨어나는데, 머리는 논리적 움직임의 가능성을 찾기 시작합니다. 가령, 머리가 오른쪽으로 기울어지다가 다음에는 똑바로 돌리는 움직임을 되풀이하거나, 왼쪽으로 대칭이 되게 기울입니다. 목은 오른쪽으로 따라가거나 머리와 반대가 되어 왼쪽으로 기울어집니다. 이러한 움직임은 기하학의 논리에 따라 선택됩니다. 관심이 커지면서 그에 따른 신체 움직임도 점점 확장합니다. 가슴은 액션으로 가득 찹니다. 머리와 목은 화살 모양의 면만 모색하고 머리에서 시작된 두

---

121 토머스 리브하트, p. 67.

번째의 '생각'은 목과 가슴을 앞뒷면으로 탐구합니다. 이차원의 가능성이 시작되는 것입니다. 가슴은 머리의 힘과 무게에 따라 움직여집니다. 보통 허리로 이어져 허리가 가만히 있으려고 하지만, 가슴은 무엇인가 말하려고 애씁니다. 그러자 머리가 목과 가슴을 왼쪽 앞으로 기울도록 이끕니다. 이 '아이디어'를 유지하고, 머리는 여전히 왼쪽 앞으로 기운 채, 회전하며 새로운 탐구를 시작합니다. 회전을 계속하면서, 허리가 연관되고, 마지막에는 다리와 엉덩이까지 극단적인 회전에 끌어들여 (3차원이 되고) 새로운 정체기이자 출발점에 도달하게 됩니다. 여기서 탐구는 다시 모색됩니다. 머리는 새로운 사고를 따라, 새로운 기하학적 디자인을 구성하며, 새로운 방향으로 움직이기 시작합니다. 하나의 과정은 밝혀지기 시작하며, 움직이는 조각상에 의해 하나의 지도가 새겨집니다. 조화로운 선, 수행의 통일성, 정신의 논리에 대한 복종을 추구하면서 신체는 사고와 보조를 맞추려고 애씁니다. 정지의 순간은 충격과 반향의 순간과 나란히 놓입니다. 하나의 행위는 반복되고 가속화될 수 있으며, 새로운 방향으로 펼쳐질 수도 있습니다. 이것은 먹이를 찾는 동물 혹은 돌 속으로 전이된 그리스 조각과도 같습니다.[122]

드크루의 작품에 관한 평은 극단적입니다. "선사시대의 인간을 닮은 에티엔 드크루는 마치 바이올린을 연주하듯이 그의 몸을 연주한다"[123]라는 호평을 받기도 했지만, 미국의 연기 교육자 리 스트라스버그(Lee Strasberg)[124]는 드크루의 코포럴마임과 연기가 전혀 연관성이 없다

---

[122] Phillip B. Zarrilli, *Acting (Re)considered*, pp. 116-117.
[123] 토머스 리브하트, p. 62.

고 혹평했습니다. 그의 작품은 관객에게도 호응받지 못했습니다. 드크루는 오히려 대중성과 거리를 두었습니다. 소설가 앙드레 지드(Andre Paul Guillaume Gide)는 공연예술의 대중성에 대하여 다음과 같이 지적합니다.

> 그는(코포 그리고 드크루) 모든 위대한 예술가라면 당연히 그래야 하듯이, 시대와 맞서 투쟁했다. 그러나 극예술은 대중이 흥미를 불러일으키고, 대중과 가깝게 존재하며, 대중에게 의지해야 하는 대단히 불리한 조건을 갖고 있다. 사실 이런 점이 내가 극예술을 외면하게 했으며, 진실은 다수의 편에 서 있는 것이 아니라는 사실을 점점 더 확신시켜 주었다.[125]

몸통이 해방된 드크루의 몸짓언어 작품들은 근대뿐 아니라 현대의 대중에게도 낯섭니다. 하지만, 오늘날 엄청난 인기를 끄는 브레이크 댄스나 k-pop의 많은 춤 동작은 코포럴마임의 몸통 움직임에서 그 기원을 찾을 수 있으며, 코포럴마임의 기초 동작이 그대로 반영되어 있고, 다양하게 조합된 움직임입니다. 따라서 코포럴마임의 테크닉은 수많은 공연예술인에게로 흡수되어 대중에게 막대한 영향을 끼치고 있다고 하겠습니다.

---

124 리 스트라스버그(Lee Strasberg, 1901~1982): 뉴욕에 배우학교 액터스스튜디오를 설립하고 많은 스타 연기자를 양성한 미국의 대표적 연극지도자, 연출가, 배우.
125 토머스 리브하트, p. 94.

벨기에에서 활동하는 마임 예술가인 얀 러츠(Jan Ruts)는 "마임이 코포럴마임으로 되고 있다는 것을 깨닫는 것이 중요"하다고 말합니다. 그녀는 '드크루의 테크닉과 철학은 마임 배우에게 그들의 작업을 연극의 핵심으로 끌고 가는 가능성을 부여'합니다.

이에 대해서 『THE MIME』 저자인 도시(Jean Dorcy)는 "탈연극적인 무대, 있는 그대로의 배우들, 그리고 조명에 의존하지 않는 코포럴마임으로 인해서, 다시 한번 연극은 더 이상 모든 예술의 교차점이 아닌 오직 하나의 예술, 즉 몸의 움직임을 이용한 예술의 개선가(凱旋歌)로 자리 잡게 됩니다"[126]라고 강조합니다.

이렇듯 드크루의 코포럴마임은 연극의 근원을 재발견하고, 또 다른 단계의 신체적 발전을 향한 출발점이라 하겠습니다. 마임이란 신체성으로 인해 모든 언어 이전, 이후의 세계를 뛰어넘는 종합예술입니다. 세상은 기존의 언어로는 의사소통할 수 없고 이해할 수도 없게 되어갑니다. 우리가 이해할 수 없게 되어버린 언어 이전, 이후의 세계 또한 마임은 뛰어넘습니다.[127]

드크루의 코포럴마임을 체계적으로 공부한 한국 마임 배우는 남긍호, 박미선,[128] 김용철,[129] 강지수,[130] 윤종연,[131] 김원범[132] 등 다수가 있습

---

[126] 토머스 리브하트, p. 66 / 도시(Jean Dorcy)의 *THE MIME*에서 인용.

[127] 토머스 리브하트, pp. 187-188.

[128] 박미선은 무용을 전공하고 연극을 하다가 자유이며 창작의 원천으로써 코포럴마임의 세계를 발견하였다고 말합니다. 대표작 「나의 모습」 등이 있습니다. 공연 및 교육 활동을 하고 있습니다.

[129] 김용철은 '극단 76'에서 연극을 하다가 유진규로부터 마임을 사사했습니다. 드크루 학교를 졸업 후 '극단 미친천사' 단원으로 활동하다가 지금은 영국에서 필라테스 강사를 하며 마임 공연을 하고 있습니다. 그의 대표작으로 「새」, 「사계」 등이 있습니다.

니다. 이렇게 많은 한국 배우가 코포럴마임을 공부한 이유는 배우에 대한 체계적이며 지속적인 신체 훈련 시스템이 부족한 국내 여건 때문이기도 하지만, 시(詩)의 은유적 동작으로 연기를 환기하기 위함이며, 또한 코포럴마임에 내재한 동양적 특성 역시 한몫을 한 게 아닐까 여겨집니다.

한국마임협의회는 '한국현대마임과 에티엔 드크루의 비교'를 주제로 '2002 한국마임 세미나'를 개최한 바 있습니다. 한국마임협의회가 드크루에 관한 세미나를 연 의도에 대해서, 당시 마임협의회 회장 조성진은 "굿, 처용무, 탈춤, 판소리 등 유구한 몸짓의 전통을 지닌 한국의 토양에, 마임이라는 서구의 표현적 움직임의 전통을 수용하면서 스스로 전통을 체계화할 수 있는 기회를 얻지 못했다는 한계를 안고, 그 체계화 과정의 모범으로서 모던 마임의 창시자인 에티엔 드크루를 성실하게 살펴보고자" 한 것임을 밝힙니다.[133] 여기에 저는 마임에 관한 드크루의 믿음을 덧붙입니다. 그는 "마임을 위해서 나 자신에게 의존해야 했습니다. 마임을 내 작업의 밖에서 공부했습니다. 마임에 관한 생각들은 뷰 콜롱비에

---

[130] 강지수는 배우, 연출가, 교육자, 마임 공연자입니다. '극단 76'에서 연기를, 무세중에게서 몸짓퍼포먼스를, 유진규에게서 마임을 사사했습니다. 체코, 영국 등에서 공연예술을 연구하면서 드크루 학교에서 수학(修學)했습니다. 마임 대표작으로는 「판초우의」, 「어머니」, 「풍장」 등이 있습니다.

[131] 윤종연은 '유진규네몸짓'에서 마임 활동을 하고, 2001년 드크루 마임학교 졸업 후 학교의 '극단 미친천사' 단원으로 니콜라이 고골의 「검찰관」을 그룹 마임으로 공연하고, 귀국 후 '몸꼴' 극단을 창단했습니다. 거리극의 창작활동에 대표주자이며, 거리예술감독으로 활동하고 있습니다.

[132] 김원범은 스타일 마임의 판토마임을 발표해오다가 드크루 학교를 수학했습니다. '아트팩토리사람' 극단을 창단했습니다. 대표작은 「내일을 향해 쏴라」, 「가시나무새」 등이 있고, 연출가와 배우로 활발한 활동을 하고 있습니다.

[133] 조성진, 2002 한국마임 세미나 발표 중.

에서 자끄 코포와 했던 즉흥 작업들에서 나왔습니다. 난 아무것도 만들어내지 않았습니다. 단지 마임에 대한 믿음을 만들었을 뿐입니다"[134]라고 말합니다. 드크루의 마임에 대한 믿음이 큰 울림으로 다가옵니다.

저에게 있어서 드크루의 코포럴마임은 연극의 관념을 몸의 언어로 인도하고, 몸의 언어를 무한하게 확장해 줍니다. 그의 마임은 공연예술이 인간과 관계하는 무수히 많은 것을 어떻게 표현해야 하는지와 같은 고민에 관한 기본 틀을 제공합니다. 동시에 어떻게 인간몸짓의 자유를 확장하고, 인간 몸의 독특성을 꽃피게 할 수 있는지를 생각하게 합니다. 드크루는 "침묵 가운데 자신의 꿈을 묘사하려면 많은 기술을 개발해야 할 필요가 있다. 따라서 마임은 하나의 예술일 수밖에 없다"[135]라고 말합니다. 코포럴마임은 저의 몸에서 가능성을 탐구하고 발견하며 예술의 꽃을 피우게 해주는 빛입니다.

3) 총체적 마임

자끄 르콕(Jacques Lecoq 1921~1999)[136]은 20세기 마임의 매우 위대한 교사 중 한 사람입니다. 코포와 드크루처럼 처음에는 거의 알려지지 않았던 분야를 개혁하도록 운명 지어진 아웃사이더라 하겠습니다. 르콕

---

[134] *Mime Journal* No. 7 and 8, p. 62.

[135] Etienne Decroux, *Paroles sur le Mime* / 끌로드 기쁘니, p. 189 재인용.

[136] http://www.ecole-jacqueslecoq.com

은 마임을 공부한 적도 없고 마임을 좋아하지도 않았으며, 운동선수에게 수영을 가르치는 방식으로 연기자에게 움직이는 법을 가르쳤습니다. 그가 가르쳐온 마임은 솔로 연기자를 위한 마임이나 순전히 무언으로 행해지는 마임이라기보다, 마임 배우가 말을 하도록 하며 보다 연극을 향해 많이 열려있는 마임입니다.[137]

르콕은 마임에 대해서 "마임에 한 가지 형식만 있는 것은 아닙니다. 마임은 모든 것입니다. 그러나 무엇보다도 마임은 연극(Theatre)입니다"[138]라고 말합니다. 그에게 있어서 마임은 연극이며, 연극은 신체 예술인 마임입니다. 그는 "연극은 두 침묵 사이에 있는, 다시 말해 외침, 영감, 동화작용으로 구성된 시작(始作)의 마임, 묘기와 판토마임에서의 마지막 재주넘기인 결구(結句)의 마임 사이에 위치한 삶 그 자체로 이해되는 것 같다"[139]라며 연극을 곧 마임이라고 설명합니다.

르콕의 비전은 배우의 영역이 최대한 확장되는 연극과 미래의 연극 경향을 발견해서 연극을 소생시키는 것이었습니다. 그는 "비극과 코메디아 델라르테가 연극에서 나의 활동 범위였다. 어느 면에선 총체연극(total theatre)이라 할 수 있는 이 두 연극 형태는 배우가 자신의 한계점까지 확장되는, 배우의 영역이 최대로 확장된 연극이다",[140] "마임 연기자도 말을

---

137 토머스 리브하트, pp. 119-120 참조.
138 토머스 리브하트, p. 117.
139 빠트리스 파비스, p. 131 / Jacques Lecoq, *Le theatre du geste*, Paris: Bordas, 1987.
140 토머스 리브하트, p. 122.

할 수 있도록 가르치겠다", "우리 학교와 같이, 시대를 앞서감으로써 미
래에 행해질지도 모를 연극을 조금이나마 예견할 수 있게 해주는 학교들
이 있다"라고 말합니다. 르콕의 학교는 이미 행해지고 있는 것들을 다시
시작하기보다는 젊은 연기자들이 새로운 경향을 발견해서 연극을 다시
살려낼 수 있도록 도와주는 것이었습니다.[141]

르콕은 드크루의 코포럴마임에 대해 부정적입니다.

그는 드크루의 접근법에 대해서 "너무나 부정적이고, 너무나 입체
파적이며, 너무나 추상적이다. 그런 성향이 드크루 자신과 그의 열광자
들에게는 도움이 됐을지 모르지만, 그런 방법은 전혀 발전적이지도 않고,
학생들이 그들 자신의 개성과 예술을 발전시킬 수 있도록 만들지도 않는
다"라고 생각했습니다.[142] 이에 대해서 리브하트는 "특정한 시기에 드크
루의 작업을 비춰볼 때 르콕의 이런 평가는 맞을지도 모르지만, 현재 활
동하고 있는 훌륭한 예술가들은 그들 자신의 개성과 예술을 확실히 발전
시켜 나가고 있다"라고 강조하며 "드크루와 르콕의 작업 모두 자끄 코포
의 근본 가르침을 그 기저에 깔고 있으므로, 똑같은 뿌리에서 각기 서로
다른 방향으로 뻗어 나온 가지와 같다"라고 말합니다. 또한 리브하트는
드크루와 르콕이 차이점보다는 유사점이 더 많다는 점에 주목합니다.
"(드크루와 르콕의) 차이점은 성격과 수업 테크닉, 취향, 세계관 그리고
세대 차이에서 비롯된 것이고, 그들의 유사성은 아주 뚜렷한데, 몸의 표

---

[141] 토머스 리브하트, p. 133.
[142] Thomas Leabhart, p. 101 / Alan Levy, pp. 45-62.

현 가능성에 관한 강조, 대본과 무대장치, 의상을 포함한 다른 요소들에도 부차적인 중요성을 부여했다는 점, 앙상블 연기와 즉흥연기를 중시했다는 점"이라 서술합니다.[143]

르콕의 반대편에는 바르바(Eugenio Barba)가 있습니다.

르콕이 드크루의 코포럴마임에 대해 부정적이었던 것에 반하여 바르바는 드크루의 코포럴마임을 탐닉합니다. 바르바는 드크루의 코포럴마임 훈련에 찬사를 보내며, "배우의 무대적 생명력의 원칙들"[144] 속에서 드크루 학교의 마임 배우들에게 주목합니다. 바르바는 드크루의 코포럴마임이 "배우의 혁신된 몸 문화, 제2의 천성, 인위적이지만 생명력으로 특정 지어지는 새로운 일관성으로 나아가는 새로운 신경-근육 반사작용을 발전"시키는 데 기여한다고 역설(力說)합니다.[145]

르콕은 자신의 수업에 연극과 마임, 스포츠, 건축, 생물학 등 다양한 분야를 수용하며 접목합니다. 그는 "스포츠와 연극의 경계는 확실하게 규정짓기 힘들"[146]기 때문에 스포츠의 움직임 분석을 적극적으로 도입했고, "모든 것에 관한 움직임의 분석"을 강하게 주장합니다.

---

143 토머스 리브하트, pp. 132-133.
144 유제니오 바르바, p. 34.
145 유제니오 바르바, p. 53.
146 Thomas Leabhart, p. 100 / Francis McLean.

학교 수업의 척추를 이루는 것은 움직임에 관한 분석입니다. 그러나 움직임에 대한 분석은 반드시 몸에 관한 것만은 아닙니다. 모든 움직임을 분석합니다. 심지어 동물과 식물, 열정의 역동성(the dynamics of passion), 색깔, 움직이는 모든 것을 말입니다. 우리는 움직임의 근저(the bottom of movement)를 알기 위해 노력하고 있습니다.[147]

르콕의 학교인 움직임 교육 연구소(LEM-Laboratoire d'Etude du Movement)에서는 공간에 대한 신체의 민감성, 움직임 분석, 형태와 색채의 역학, 말에 대한 조직적 접근, 소리 이동, 구조화된 공간의 극적 효과, 열정과 심리 상태, 상황의 역할, 신체의 동작 범위, 역동적인 물체, 신체의 공간적 구조, 움직이는 구조물, 만화영화, 가면극, 비디오, 음성 연기 등을 학습합니다. 르콕의 움직임 학교(LEM)는 마르소 학교에서처럼 유일한 연기 방식으로 판토마임을 가르치는 것이 아니라, 다른 많은 방식 중 하나로 마치 뷰 콜롱비에 학교처럼 마임을 학습하도록 합니다.[148]

르콕의 연극을 향한 총체적 마임은 그러나 공연하는 방법은 아닙니다. 그의 총체적 마임은 배우를 위해 중립의 상태를 확인시켜주고, 모든 것이 가능한 현존의 상태를 알도록 해주며, 모든 액션이 완성의 상태가 될 수 있도록 도움을 주려는 것입니다.[149]

---

[147] Thomas Leabhart, p. 93 / 토머스 리브하트, p. 123.
[148] 토머스 리브하트, pp. 117-121 참조.
[149] Phillip B. Zarrilli, *Acting (Re)considered*, p. 128.

르콕의 움직임 분석과 즉흥연기의 두드러진 점은 동작의 세분화입니다. 그의 움직임 분석은 몸짓과 행동들을 차례대로 잘게 나눕니다. 예를 들어 복잡한 칵테일을 만드는 몸짓을 181단계로, 벽을 오르는 행위를 55단계로 미세한 동작까지 나누는 식입니다. 이러한 분석의 다음 단계는 구성 요소들을 다시 규합하는 것입니다. 전후 연결 장면의 의미를 변화하고 수정할 수 있도록 서로 다른 측면들을 변화시키는 즉흥연기 수업은 학생들을 종합성으로, 힘과 물체 또는 존재들과의 동일시로 유도합니다.[150]

저는 물체를 관찰한 후 움직임으로 형상화하는 워크숍을 르콕 학교 출신인 임도완에게서 경험하였습니다.[151] 물체는 A4용지와 각설탕이었는데, 그중 각설탕을 관찰하고 움직임을 했던 것을 요약하면 다음과 같습니다. 우선 참가자들이 각설탕을 물속에 담근 후 녹아가는 형태를 관찰합니다. 그리고 각자 자신의 몸짓, 움직임으로 물속에서 녹아들다가 사라지는 각설탕의 모습을 표현해 봅니다. 이어서 즉흥적인 상황으로 남녀가 껴안고 있다가 둘 중 한 인물이 각설탕이 되어 녹는 장면을 시연합니다. 이 즉흥 시연들에서 참으로 아름답고 독특한 연기가 쏟아져 나왔습니다. 저는 창조적인 움직임에 대한 강박 없이 물체의 관찰을 토대로 몸을 움직일 수 있었고, 물체의 관찰을 통한 움직임은 모든 참여자에게 상상력의 원천이 되었습니다. 움직임의 확장과 확신을 체험할 수 있는 소중한 시간이기도 했습니다. 무엇보다도 참으로 재미있었습니다. 르콕

---

150 토머스 리브하트, pp. 125-126.
151 2000년 연극원 수업, 2004년 춘천 마임 워크숍에서 임도완의 강의를 수강하였습니다.

의 물체를 관찰하고 움직이는 교육 방법론은 자기의 관습적인 움직임과 고정관념에서 해방되어 자발적인 움직임을 하게 하고, 상상력에 생기를 불어넣어 주며, 창의적인 움직임 쪽으로 나아갈 수 있게 인도해 줌을 확인할 수 있는 시간이었습니다. 이후 저 또한 물체의 관찰과 움직임을 다양한 물체로 실험하면서, 적극적으로 작품과 교육에 활용하고자 노력합니다.

르콕의 작업 토대는 델사르트(Francois Delsarte)[152]의 삼일치 법칙(신체의 지적 중심인 머리, 영적/감성적 중심인 가슴, 육체적 중심인 골반)을 근거로 합니다.[153] 그리고 그의 사상에는 코포와 미쉘 셍 드니, 그리고 뷰 콜롱비에 학교의 사상에 영향을 받았던 거의 모든 사람의 생각이 메아리칩니다. 바로 단순화와 확대입니다. 이것을 반영하는 것이 가면입니다. 가면은 몸짓의 단순화와 확대를 요구하기 때문입니다.[154]

코포는 배우가 명확하고 단순하게 자신을 표현하기 위해서 자신에게 깊이 물든 상습적이고 외형적인 습관을 포기해야 하며, 발가벗은 무

---

[152] 델사르트(Francois Delsarte, 1811~1871)는 프랑스의 연극배우이며 체육연구가입니다. 연극교육의 필요성에서 자연 운동을 제창했는데, 고전 발레의 틀과 로코코 양식을 타파하는 것을 목적으로 했던 그의 자연 운동은 심신일원론적(心身一元論的) 입장에서 몸과 마음의 조화를 추구했습니다. 특히 체육에서, 아름답게 운동한다는 심신적합법칙성(心身的合法則性)을 연구한 최초의 인물입니다. 그의 연구는 '근대적 체조 운동(近代的體操運動: Moderne Gymnastikbewegung)'의 도화선이 되었고 그 발전의 방향성에 큰 영향을 미쳤습니다. 특히 신체에 의한 감정표현의 연구, 근육의 긴장, 이완에 따른 조화적 균형의 법칙 등을 탐구했고, 하나의 체조 체계(gymnastik system)를 형성했습니다. 네이버지식백과(https://dict.naver.com), 체육학대사전 참조.
[153] 토머스 리브하트, p. 122.
[154] 토머스 리브하트, p. 118.

대처럼 비어 있어야 한다고 생각합니다. 여기서 중립이라는 개념이 탄생합니다.

자끄 코포는 기존의 배우가 불성실에 빠지지 않고, 초보 배우는 긴장을 극복하기 위해서 중립을 발견했습니다. 그는 "배우는 항상 인공적인 태도, 몸의, 정신의, 목소리의 찌푸림으로 시작한다. 배우의 시작은 지나치게 신중하거나 불충분하게 계획적이다"라고 말하며, 배우 "스스로 연극적인 원리를 깨닫기 위하여, 지적 조건 없이 타고난 상태를 껴안기 위하여, 감정적인 충동에 대한 몸짓의 성실성을 개발하기 위하여" 중립에 대해 말합니다.

> 배우는 발가벗은 무대처럼 비어 있어야 한다. 다음에 배우는 명확하고 단순하게 자신을 표현해야 한다. 그렇지 않으면, 움직임은 기질이나 관습의 근거를 잃게 된다. 그러므로 배우가 자신 안에서 중립적인 분위기를 찾는다는 것은 첫째로 자신에게 깊게 물든 상습적인 그러나 외형적인 습관을 포기해야만 한다.[155]

포기한다는 것은 배우의 비워냄입니다. 코포는 이 비워냄을 위한 중립 연습을 '침묵과 고요'에서부터 시작했습니다. "시작하는 포인트는 자세가 아니라 휴식의 상태를 제공하는 침묵"이었던 것입니다. "이 침묵은 에너지를 가득 채운 동작 없는 상태로, 달리기 선수가 시합 전의 상태 같은 휴식을 제공하는 침묵이다. 모든 충동은 그 상태가 일어나고 그 상태로 되돌아가는 것"이었습니다. 그는 "침묵과 고요로부터 시작하는 것. 그

---

[155] Phillip B. Zarrilli, *Acting (Re)Considered*, p. 121.

것이 바로 첫 번째 포인트이다. 배우는 반드시 알아야 한다. 침묵하는 방법을, 듣는 법을, 대답하는 법을, 동작 없이 머무르는 법을, 몸짓을 시작하는 법을, 이 모든 것을 거친 후, 되돌아와야 한다. 동작 없음과 침묵의 상태로, 이러한 동작들이 포함하는 모든 그늘(명암)과 반음을 간직한 채"라고 말합니다.

르콕은 이러한 중립 상태로 도달하기 위한 훈련으로 "중립 가면(neutral mask)"을 사용합니다. 그는 중립 가면을 "존재하지 않는 지렛점"으로 향하는 것이라고 설명합니다. 이러한 고정점으로 접근할 때 배우는 "백지상태(a blank sheet of paper, tabula rasa)"가 된다는 것입니다. 바리 롤프(Bari Rolfe)는 '적절한(appropriate)' '경제적인(economical)'의 두 단어가 합쳐져서 '중립(neutral)'이란 용어가 된다고 설명합니다. 배우가 어느 액션을 연기하든지, 걷기처럼 공간과 시간 안에서 에너지와 리듬이 소비되는데, 여기에 중립이 요구된다는 것입니다.[156] 이 모든 것은 르콕의 가면 강의 시연인 '투트 부주(Tout bouge, 모든 움직임)' 속에서 두드러지게 나타납니다. 르콕은 "중립 가면이 바다를 바라본다면, 중립 가면은 바다가 된다"[157]라고 하며 중립 가면에 대해 다음과 같이 말합니다.

머리 전체를 가려주는 가면을 쓰는 순간, 당신은 변형됩니다. 원래의 당신은 그 순간 존재하기를 멈추고, 현재 상태 그대로의 모습이 됩니다. 우리는 얼굴과 입, 눈, 머리의 자세, 표피의 주름살 등으로

---

[156] Phillip B. Zarrilli, 앞의 책, p. 122.
[157] Phillip B. Zarrilli, 앞의 책, p. 127.

서로 의사소통합니다. 그러나 가면을 씀으로써, 당신에게서 과거도 인종도 사라지게 됩니다. ― 가면이 그려주는 모습을 제외하고... 이는 연기자들에게 자기 몸으로 연기하고, 자기 몸으로 사고하게 만듭니다 ― 그리고 몸은 결코 거짓을 표현하지 않게 됩니다.[158]

중립 가면을 통해서 거짓된 표현으로 자기 몸을 꾸미는 배우의 습성을 제거합니다. 그럼으로써 배우가 자기 몸으로 연기하고, 자기 몸으로 사고하도록 합니다. 이러한 과정을 엘드레지(Eldredge)와 휴스턴(Huston)[159]은 다음과 같이 말합니다.

배우는 중립적일 수 없습니다. 단지 중립적인 액션의 순간을 얻고자 희망할 뿐입니다. 더 당당하게 자신의 바로 그 실수(errors)를 겪는 동안에, 중립의 추구는 배우를 정화(purify)합니다. 개인의 상투적(clichés) 표현과 습관적인 응답을 벗어버리면, 배우는 그 자신만의 진실한 이미지를 위해 자기 내면을 더 깊게 들여다봅니다.[160]

이렇게 중립을 훈련하는 중립 가면을 경험한 후에, 르콕의 학생 배우들은 표현적인 마스크로, 우선 코메디아 델라르테의 말하는 가면을 사용합니다. 이 가면들은 겁 많고 교활하며, 인색하고, 음모 꾸미기를 좋아하는 사람 등의 인물 유형을 묘사합니다. 이후 미숙한 가면(아직 형체가

---

158 토머스 리브하트, p. 128.

159 Phillip B. Zarrilli, *Acting (Re)considered*, p. 128.

160 Phillip B. Zarrilli, 앞의 책, p. 128.

없거나 희미하게 형체를 갖추고 있는 가면)과 색칠하지 않은 커다란 바젤 카니발용 가면(Basel carnival masks), 그로테스크한 가면, 반가면(대사가 잘 들릴 수 있도록 코 밑 부분은 생략한 가면), 가장 작은 크기의 빨간 코 가면을 쓰고 인간성이 배제된 즉흥연기를 연구합니다. 형태와 속도, 의도, 리듬 등을 통해 가면의 형태와 특징을 구체화하는 것이 이 훈련의 목표입니다.[161] 가면 훈련을 통해 배우의 몸짓은 더욱 풍부하게 활성화하고 창의적인 움직임을 향해 나아가게 됩니다.

저는 마임을 공부하면서, 몸의 움직임에 관한 과학적인 접근과 몸이 확장되는 가능성을 탐구하며 온 삶을 바친 선구자들에게 경의를 표하는 바입니다. 그들 중 많은 선각자가 움직임의 연구 과정에서 가면을 활용하였다는 사실은 고무적입니다. 더욱이 드크루 코포럴마임의 은밀한 카운터웨이트와 르콕의 역 가면(counter mask)에서 볼 수 있듯이, '숨기는 움직임'이 있다는 것과 그 반대 성격의 움직임을 알게 되며, 예술적 표현의 '도전의식', 'why not', '무한한 가능성'에 크게 감동합니다.

르콕의 '역 가면(countermask)'은 가면이 풍기는 메시지와 정반대되는 메시지를 몸으로 신중하게 표현해내는 테크닉입니다. 전통적인 연기법에서도 등장인물의 성격에 깊이를 부여하기 위해 한 인물의 지배적인 성격과 정반대되도록 연기하는데, 이런 연기법은 '반대를 연기하는(playing the apposite)' 것으로 알려져 있습니다. 르콕은 백치 가면을 쓰

---

161 토머스 리브하트, p. 128.

고는 아주 세련되고 약아빠진 사람처럼 균형 잡히고 아름다운 몸의 자세로 '역 가면'을 시연했다고 합니다.[162]

가면의 연기훈련에 관해 롤프(Rolfe)는, "가면이란 배우가 몸짓과 내면적 갈등 사이에서 가장 중요한 핵심점을 찾게 합니다. 즉 가장 본질적인 것, 일상의 다양한 몸짓을 하나로 집약할 수 있는 몸짓, 모든 말을 대신할 수 있는 말을 찾을 수 있게 합니다. 모든 위대한 것은 부동성(不動性도 하나의 몸짓이다)을 향하는 경향이 있습니다."[163]라고 말합니다. 부동성(멈춤)의 예로 바르바는 재미있는 일화를 듭니다. 그는 마르소의 공연에서 공연 제목을 소개하는 일명 타이틀맨인 마임이스트 피에르 베리(Pierre Verry)를 언급합니다. "(제목을 소개하는) 마임이스트 피에르 베리는 아무것도 해서는 안 되고 할 수도 없으며, 무대 위에 나타나는 짧은 순간 동안 최대한도의 무대적 현존과 불안정한 균형에 도달하기 위해 정신을 집중한다. 그럼으로써 그의 정적인 자세는 역동적인 부동자세가 된다"[164]라고 말합니다. 제 의견을 덧붙이자면, 피에르 베리의 분장과 의상이 바로 가면의 역할을 하며, 부동성을 이끈 면도 적지 않다고 생각합

---

162 토머스 리브하트, pp. 128-129.
163 Thomas Leabhart, p. 98.
Bari Rolfe (ed.), *Mimes on Miming*, n.d.
___, "Magic Century of French Mime", pp. 135-158.
___, "Masks, Mime and Mummenschanz", pp. 24-35.
___, "The Mime of Jacques Lecoq", pp. 34-38.
여기서 부동성(不動性)은 영어로 'immobility', 한글로는 '멈춤'이 되겠습니다.
토머스 리브하트, p. 128.
164 유제니오 바르바, p. 41.

니다. 이렇듯 마임이스트의 역동적인 부동자세는 가면의 본질적인 몸짓인 부동성과 긴밀하게 연결됩니다. 따라서 부동자세는 오히려 멈추어 있기에 시간성을 초월하고, 영원으로 향하는 몸짓이 된다는 것을 발견하게 됩니다.

가면의 마지막 단계로, 르콕은 배우에게 가면의 일종인 빨간 코만 끼운 클라운(clown, 광대)의 모습을 한 채 인간성이 배제된 즉흥연기 하기를 요구합니다. 배우들은 자기만의 개인적인 광대를 발견하기 위해 찾아 나섭니다. 이 훈련의 목표는 형태와 속도, 의도, 리듬 등을 통해 배우 자신만의 형태와 특징을 구체화하는 데 있습니다.[165] 클라운의 연구에 관해서 르콕은 다음과 같은 인터뷰를 남겼습니다.

그 이전에는 아무도 연극에서 클라운에 관해 얘기하지 않았습니다. 클라운은 서커스 속에... 계속 존재했습니다. 그래서 우리는 클라운에 관한 연구와 연기자 자신과 관련이 있는 클라운에 관한 연구를 시작했습니다. 자신만의 클라운... 연극 속에서의 클라운을 찾기 위해서.[166]

모든 일을 잘 해내려 하지만, 결국은 실패하고 마는 빨간 코 가면을 쓴 클라운은 배우 각자가 가진 근본적인 취약점과 떼려야 뗄 수 없는 관계를 맺습니다. 배우들은 이 취약점을 '인지하고, 밖으로 드러내고, 견뎌

---

[165] 토머스 리브하트, p. 128.
[166] 토머스 리브하트, p. 120.

내서, 공공연하게 조롱할 수 있어야 합니다. 그럼으로써 동시에 사람들을 웃길 수 있게 됩니다.[167]

2000년대 초반 저는 노숙인들과 연극작업을 한 적이 있습니다. 그때 한 참가자는 빨간 코를 한 피에로가 돼서 사람들을 웃을 수 있게 하는 것이 꿈이라며 피에로 연기에 도전했습니다. 그의 연기는 소심했고 힘이 없었지만, 그런데도 많은 관객이 즐거워했습니다. 그때 저는 빨간 코의 힘을 느꼈고, 자신의 불행에도 불구하고 타인의 행복을 위해 연기한 노숙인에게 무척 감동했습니다.

이후 저는 빨간 코에 큰 매력을 느끼고 광대 연기에 도전하고 있습니다. 그 과정은 실수의 연속입니다. 관객에게 사랑받기 위한 몸짓, 관객을 웃기기 위한 몸짓이 포장되어 나오기도 합니다. 그런 본능이 저한테도 있다는 것이 놀랍고 곤혹스럽습니다. 그러다가도, 더 세련되게 포장하는 것도 나쁘지는 않다고 생각하곤 합니다. 이런 생각이 함정이 되는 것은 아닌지 모르겠습니다. 자신의 단점을 꺼낸다는 것이 자학적인 행동이 되는 때도 있습니다. 그럴 때 역시 피에로는 어떻게 행동할까를 생각합니다. 자신의 결함을 껴안고 노는, 사랑스러운 동심의 세계를 그리고 싶은데 아득합니다. 자신의 결점을 드러내며 껴안는 작업은 여전히 우연에 맡기는, 즉흥적인 경우가 많습니다. 하지만 빨간 코를 쓰고 관객에게 어설프게 다가가는 그 자체를 결핍으로 받아들이며 공연을 이어가고 있습니다.

---

[167] 토머스 리브하트, p. 130.

공연에 관한 르콕의 총체적인 비전은 20세기 연극 개혁자인 코포 그리고 드크루와 같은 지향점을 공유합니다. 이들은 모두 자기 제자들이 상업적 연극에 끌려가지 않고, 자신만의 예술적 비전을 간직하길 원했습니다.[168] 르콕의 훈련법에서 깊은 영감을 받고 자신의 예술적 비전을 펼친 연출가 중에는 태양 극단(Le Theatre du Soleil)의 아리안 므누슈킨(Ariane Mnouchkine)이 있겠습니다. 그녀는 르콕의 학교에서 워크숍을 받고 극단으로 돌아가 이를 토대로 단원들과 작업했다는 일화를 소개한 적이 있습니다.[169] 또한 르콕 학교 출신들로 구성된 극단으로는 뮈멘산츠 컴퍼니(Mummenschanz company)가 있습니다. 이 극단에는 마임/가면 연기자인 두 명의 스위스인 안드레스 보사드(Andres Bossard)와 버니 쉬르치(Bernie Schurch), 이탈리아인 플로리아나 프레세토(Floriana Frassetto) 등이 활동하고 있습니다.[170] 한 비평가는 이 극단의 브로드웨이 공연에 관해 다음과 같이 말합니다.

코믹 타이밍이 생각만큼 그렇게 정확하지는 않다고 불평할 수도 있겠다. 또한 작품의 더욱 미묘한 몇몇 측면이 즉각적이고 편안한 웃음을 위해 무시되며, 의상과 가면은 군데군데 약간씩 닳아빠지기 시작해서, 많은 부분 고친 것처럼 보인다. 그러나 이런 것들은 문제가 안 된다. 브로드웨이에서 마임 공연이 열리고 있기 때문이다. 그리고 이들의 마임은 고전적인 스토리텔링의 한 종류가 아니

---

[168] 토머스 리브하트, p. 133.
[169] 2001년 연극원 초청 강좌에서 무뉘쉬킨이 소개한 일화.
[170] 토머스 리브하트, p. 133 참조.

다. 그것은 가면과 몸을 위장하는 의상, 의인화된 피조물들, 인간 추상 그리고 상징적인 대결들이 기묘하게 뒤섞인 것이다. 명쾌하고 우스우며, 때로는 신중하고 재치 있으며 재미있다. 그래서 상업적으로도 성공을 누리는 것이다.[171]

뮈멘산츠의 공연은 저에게도 깊은 영향을 주었습니다. 94년 첫 작품 「새·새·새」 중 휴지 장면에서 저는 그들이 사용했던 가면을 도입했습니다. 그 가면은 두루마리 휴지입니다. 외국의 어느 공연 잡지에서 배우의 눈과 입에 두루마리 휴지로 가면을 쓴 사진을 보고 깊은 인상을 받았다가 직접 휴지를 사용해서 공연에 활용하였습니다. 그 후 해당 사진 속 공연단체가 뮈멘산츠라는 것을 알게 되었습니다. 2003년 뮈멘산츠의 내한 공연은 약 2시간가량이었는데 언어, 음향, 음악을 전혀 사용하지 않았습니다. 이를 관람한 저는 그들의 실험정신과 끈기에 전율했습니다. 뮈멘산츠의 대표 배우인 보사드는 자기 단체의 실험성과 추상화의 방식에 관해 다음과 같이 설명합니다.

처음에는 매우 자연주의적인 작업(naturalistic work)이다. 다음에 우리는 최초의 패턴에 다다를 때까지 자르고 자르고, 또 잘라낸다. 그리고 그것을 즉흥연기로 보여주는 데 관해 논의하는 동안, 즉흥연기에서 모든 일화(逸話, 개인)적인 내용들(anecdotal stuff)을 제거함으로써 관객들이 그것을 쉽게 이해할 수 있도록 만들려고 한다. 그러면 비로소 한 편의 드라마가 탄생하는 것이다. 우리의 드

---

171 토머스 리브하트, pp. 134-135.

라마이지만, 누구든 자기 자신의 삶을 토대로 완성할 수 있는, 극
속에 자기를 스스로 몰입시킬 수 있는 그런 드라마 말이다.[172]

뮈멘산츠가 이루어낸 종합성은 마임과 가면 연기는 물론 오브젝트
애니메이션(object animation)과 인형극, 볼 수 없는 광선을 이용한 연극
(black-light theatre)과도 여러 공통점이 있습니다. 자끄 르콕 못지않게
크레이그의 초인형에 관한 에세이에서도 많은 영향을 받았으며, 위험스
러운 것으로 여겨졌던 다소 난해한 소재들이 뮈멘산츠에 의해 훌륭하고
재미있으며, 심지어 아이들에게도 적합한 것으로 변화하였습니다.[173]

르콕에 관해 정리한 내용은 여기까지입니다. 저는 마임을 공연하며
연구한 내용으로 '중립'과 '가면 연기', 그리고 '물체의 관찰을 통한 즉흥
연기'를 몸에 담고자 노력하고 있습니다. 그중에서도 빨간 코는 저 자신
의 결핍을 껴안고 위로하며 동심으로 이끌어주는 주요한 동반자와도 같
습니다.

르콕의 움직임 학교(LEM)를 졸업한 국내의 마임 배우로는 임도
완[174]과 유진우,[175] 그리고 수료한 도재형[176] 등이 있습니다. 그들은 마임,

---

172 Thomas Leabhart, p. 104 / 토머스 리브하트, p. 136.
173 토머스 리브하트, p. 138.
174 임도완은 90년대 초반까지 「줄인형」, 「나무」, 「흥부와 놀부」 등의 판토마임 식의 작품
을 다수 발표하였습니다. 유학을 마치고 귀국한 후에는 움직임을 기반으로 무대를 확장하
는 공연을 발표하고 있습니다. 대표작 「두문사이」, 「휴먼코메디」, 「보이첵」 등은 국내외에
서 크게 주목받고 있습니다. 현재 서울예대 교수로 학생들을 가르치며 연출가로 활동하고
있습니다.

연극, 무용 등 활발한 공연 활동을 하다가 르콕 학교에서 움직임을 공부하고 귀국하여, 국내에 밴드 마임 · 이미지 마임 · 오브제 마임 등을 소개하고 가르치며 공연합니다. 또한 연극, 무용 등의 공연예술에서 공간과 움직임의 다양한 작품을 연출하며 연기와 움직임을 지도합니다. 유진우 번역의 『몸으로 쓰는 시』와 임도완의 『움직임, 마임, 판토마임』 서적은 르콕의 철학과 교수법에 대한 상세한 내용을 담았습니다.

4) 무용 마임(Mime Dance)

헨리크 토마체프스키(Henryk Tomazewski)의 폴란드발레마임 극단(Polish Mime-Ballet Theatre)은 정교한 의상과 화려한 무대 장식을 이용해 신바로크풍의 공연을 하는 것으로 유명합니다. 헨리크의 공연에는 육중한 근육질의 몸매를 갖고 있거나 표현이 섬세한 남자 배우들, 금실로 짠 작은 천 조각을 걸친 여자배우들이 주로 등장합니다. 토마체프스키가 마임과 발레를 결합해서 만들어낸 몸짓 표현의 어휘들은 음악이 수반되는 환상적인 공연으로서[177] 현대무용과 구분하기 어려우나, '발레처럼 양식화되고 추상적이며 세련된 제스처를 사용'합니다.[178]

---

[175] 유진우는 1992년 한국 마임 20주년 기념 신인무대에서 「건강식품」으로 데뷔했습니다. 유학 후 마임 그룹 '미마쥬'를 창단하고, 「새」, 「산업스파이」, 「마임송」, 「무서운 사람들」 등을 발표하며 활발한 공연 활동을 하였습니다. 르콕 학교에서 교수활동을 하다가 현재는 국내에서 공연예술인을 위한 전문교육원 '팜 씨어터'를 개설하고 교수활동과 연출가로 활동하고 있습니다.
[176] 도재형은 귀국 후 학생들을 가르치며 현재 국내외 축제에서 「성벽을 따라 사천육백보」, 「모래 1/8mm」, 「피노키오」 등의 거리공연 작품을 연출하며 활발한 활동을 하고 있습니다.
[177] 토머스 리브하트, pp. 185-186.

1996년과 97년 춘천마임축제에 참가한 스테판 니잘코프스키(Stefan Niezialkowski)[179]는 토마체프스키의 뒤를 잇는 폴란드의 대표적인 마임 아티스트입니다. 그는 "나는 어려서부터 토마체프스키의 공연을 많이 보았습니다. 그의 마임은 단순히 내가 마임이스트가 되는 계기뿐만이 아니라, '나는 누구인가'라고 생각하게 하는 계기가 되더군요. 그는 말을 한마디도 하지 않았지만 말입니다"라며 "토마체프스키는 기본 동작뿐 아니라 독특한 자신만의 동작을 만든 배우라 평하고 싶습니다. 이런 것들은 다른 마임이스트와 배우들이 새로운 창조를 찾게 해주는 밑거름이 되었고, 그러기 때문에 토마체프스키는 전 세계 마임이스트의 전범(典範)이 되었다고 생각합니다"라고 말합니다.[180] 토머스 리브하트는 "그로토프스키의 순수한 표현주의적 고뇌와 토마체프스키의 장신구를 치렁치렁 단 환상적인 공연이 폴란드의 상업도시인 워클로우에서 공존했다는 사실은 상상이 잘 안 된다"[181]라고 하였는데, 이에 관해 스테판은 다음과 같이 언급합니다.

> 그로토프스키와 토마체프스키는 한 도시에서 같이 일을 시작했고, 둘은 친구였습니다. 개인적으로 그들은 친했지만, 서로에게 전적인 영향을 끼쳤다고 말하기는 어렵습니다. 그 두 사람은 공동작업

---

178 빠트리스 파비스, p. 131.
179 마임 배우, 연출가, 교육자, 1945년생. 현재 폴란드 바르샤바에 있는 '스튜디오 미모우' 창립. 유대인 주립 극단의 바르샤바 마임 극단 연출가. *Beyond the word*(Momentum Books, 1993) 저술.
180 『객석』, pp. 216-217.
181 토머스 리브하트, p. 186.

을 하지 않았습니다. 둘은 서로 달랐지만 경쟁 상대도 아닙니다. 그로토프스키가 세계적으로 더 알려지기는 했지요. 그는 언어를 사용하는 연극을 했기 때문입니다. 토마체프스키는 마임 아티스트이기 때문에 소수만이 알고 있어요. 내 생각에는 토마체프스키가 그로토프스키보다 '훨씬 더 많이, 아주 많이' 창조적이라고 봅니다.[182]

스테판은 토마체프스키의 단체인 시립 <브로츠와프스키 테아트르 판토미메>의 단원으로 63년부터 75년까지 공연하였습니다. 그 후에는 그의 스타일에서 벗어나 자신만의 스타일로 독립합니다. "토마체프스키의 단체가 아주 아름다운 집단인 것은 분명합니다. 하지만 갈수록 의상이 화려해지는 등 좀 아이러니하다는 느낌이 들었고, 내 생각과 다르다는 느낌을 강렬하게 받았지요. 그래서 떠났습니다. 그에게 배웠지만 나는 그와 같은 사람은 아닙니다"라고 결별의 이유 또한 설명합니다. 그는 자신의 마임이 '마임 발레'로 불리는 것이 사람들에게 혼동을 주지만, 폴란드 사람을 포함한 일반인이 이해하기 쉬우니까 사용한다고 말합니다. 동시에 그는 "마임은 춤이 아니기 때문에 마임 발레 대신 '액팅 무브먼트'라고 불러야 적절하다고 생각"한다며 자신의 마임을 '액팅 무브먼트'라 칭합니다.[183]

스테판이 96년에 공연한 작품 중 가장 발레 마임의 경향을 띠는 것은 귀에 익숙한 라벨(Maurice Ravel)의 '볼레로(Bolero)' 곡과 함께 옅은

---

[182] 『객석』, p. 218.
[183] 『객석』, p. 219.

어둠 속에서 시작하는 「그림자의 색깔들」이었습니다. 이 공연을 본 많은 사람은 발레공연 아니냐, 작품 내용이 무엇이냐, 배경 음악으로 왜 '볼레로'를 썼느냐고 하며 기대했던 데 대해 실망을 표했지만, 유진규는 가장 아름다운 마임 작품이라고 말하며 다음과 같은 감상을 남겼습니다.

> 우리가 여태까지 본 그 어떤 마임보다 진지한 몸짓과 표정으로 인간의 감정과 사고의 모습을 상징적으로 보여준다. 각 장면은 색깔로 구분되는데, 흰색은 조화와 순결, 노란색은 청소년기의 성장 체험, 푸른색은 고독과 죽음에 관한 이해, 붉은색은 정열과 광기를 의미한다. 이것들이 시간의 흐름을 암시하는 그림자와 함께 표현된다. 그리고 인간이 다른 인간을 죽이는 행위를 저지른 뒤 그것으로부터 도망가는 장면을 컷아웃 하면서 인간존재에 관한 물음표를 어둠 속에 던진다.[184]

저는 스테판의 무용 마임 공연을 접한 후, 무용 마임이란 발레와 마임의 단순한 혼합이 아니라 무용과 마임의 본질이 만나 이루어진 것이라고 느꼈습니다. 발레에서 포착되는 인간의 숭고하고 아름다운 몸짓과 마임에서 추구하는 인간의 투쟁을 표현하는 몸짓이 충돌하여 발생한 창의적으로 융합된 장르라고 생각합니다.

스테판은 마임을 "마임 예술은 인간의 가치를 알게 해주고 인간 정신에 관한 이해를 깊게 해주는 예술이다. 말로는 도달하기 어려운 인간의 가장 깊은 감정에 도달할 수 있는 예술이다"라고 정의합니다. 그는

---

[184] 『객석』, p. 219.

"마임은 진실한 경험을 보여주어야 하는 것"으로, "진실의 정수, 가장 진실한 그 무엇, 가장 개성적인 것을 추구"한다고 주장합니다. 이러한 그의 말들을 통해 무용 마임은 "존재의 의미나 이유, 혹은 '내가 누구인가'라는 존재론적 질문, 세계의 근원이 무엇인가"[185]를 표현하는 데 주력한 예술임을 헤아려봅니다.

그는 '무엇을 말할 것인가가 아니라 왜 말해야 하는가'[186]를 강조하며 현대에는 말로 표현할 수 없고, 설명할 수도 없는 것들이 존재하는데 바로 그곳이 무용 마임이 존재하는 영역이라고 말합니다.[187] 무용 마임을 정의하는 스테판의 말은 철학자 비트겐슈타인의 "말할 수 없는 것에 관해서는 침묵하지 않으면 안 된다"[188]를 떠올리게 합니다.

춘천국제마임축제에서는 스테판을 96년과 97년에 초청하였고, 그는 춘천과 서울에서 공연하며 2주간에 걸친 워크숍을 여해문화공간에서 두 차례 진행하였습니다. 스테판은 워크숍의 목적으로 "침묵을 통하여 언어의 장벽을 뛰어넘어, 기본적인 인간의 내적 경험을 보여줄 수 있는 사고의 독특한 방법과 주의 집중", "의식적으로 말하지 않고 자신의 독특한 작품을 창조하는 마임 예술의 표현을 체득하는 것" 그리고 최종적으로 "참가자들이 자신만의 테크닉과 스타일, 표현 방법을 찾는 데 자신감을

---

[185] 『객석』, p. 219.

[186] Stefan Niezialkowski, p. 90 / 『객석』, p. 216 재인용.

[187] 『객석』, p. 216.

[188] 비트겐슈타인(Ludwig Wittgenstein, 1889~1951): 오스트리아와 영국의 철학자. 수학철학, 심리철학, 언어철학을 탐구. 논리실증주의와 일상 언어철학에 영향을 끼쳤고 분석철학을 대표. 인용문은 그의 저서 『논고』에서의 마지막 문장.

느끼게 되는 것"을 강조하였습니다. 더불어서 "우리의 내부와 외부 세계에 존재하는 가장 특징적인 변화를 찾고, 성실하고 진실한 인간을 발견하는 방법"을 워크숍을 통해 나누고자 하였습니다. 스테판은 "마임 배우는 사람들의 모든 변화를 표현하는 침묵의 조각가"라고 말합니다. 마임 배우에게 있어 '침묵은 살아 있는 조각이자, 존재의 변형된 움직임'입니다.[189]

워크숍은 '일반적인 신체 운동', '플라스티카[190](Plastyka, 특별한 마임 훈련법)', '정지 동작', '숨쉬기와 에너지', '움직임', '신체 중심의 자극', '느린 동작', 그리고 매번 '공연 즉흥극' 이렇게 8단계로 구성하여 진행했습니다. 그 내용을 공유합니다.[191]

① 일반적인 신체 운동(General Physical Exercises)
② 플라스티카(Plastyka)
③ 정지 동작(No-movement)
④ 숨쉬기와 에너지(Breathing and Energy)
⑤ 움직임(Movement)
⑥ 신체 중심으로의 충동(Impulse in the Center of the Body)
⑦ 느린 동작(Slow Motion)
⑧ 공연(Performance) 즉흥극

---

[189] 1996년 마임 강습회 프로그램에서 인용.
[190] 'plastyka'는 폴란드어로 예술, 조형미술, 생기 등을 뜻합니다. 훈련은 몸의 분절과 분절의 움직임 등으로 진행됩니다.
[191] 1~8까지 각각의 내용은 1996년 마임 강습회 프로그램에서 인용.

각각에 대한 설명은 다음과 같습니다.

① 일반적인 신체 운동(General physical exercises)

신체의 움직임을 조화시키기, 신체의 움직임과 숨쉬기를 일치시키기, 체력 키우기, 신체 내 에너지의 변화를 인지하기, 사고를 빠르게 전환함으로써 신체 움직임을 개발하기, 극적인 도구로 신체를 집중시키는 법을 익힙니다.

② 플라스티카(Plastyka)

특별한 마임 훈련법으로, 신체의 부분을 각각 다르게 훈련함으로써, 마임 배우는 신체의 서로 다른 부분이 각기 다른 감정을 표현할 수 있다는 것을 발견합니다. 플라스티카를 통하여 마임 배우는 육체의 모든 부분을 분리해 생각할 수 있고, 또한 그 분리된 부분이 하나가 될 때 좀 더 위대한 사고를 할 수 있게 됩니다.

③ 정지 동작(No-movement)

감정의 거울과도 같은 이 훈련 과정은 집중력 키우기와 다음에 어떤 것이 올 것인가를 준비하고, 신체의 중심과 존재의 자연스러운 상태를 발견하는 과정입니다. 마임 배우의 신체는 그가 의도하는 가장 작은 변화도 반영할 수 있는 순수한 거울이 되어야만 하는데, 이러한 사고를 하도록 도와주는 과정이기도 합니다. 다시 말해 정지 동작은 어떤 동작을 하다가 그냥 멈추는(정지하는) 것이 아니라 심리적인 변화의 순간이 응축하는 것이라 하겠습니다.

④ 숨쉬기와 에너지(Breathing and Energy)

마임은 어떤 것을 무엇처럼 보이게 하는 것이 아니라, 에너지와 숨쉬기의 변화를 통하여 행동의 모든 순간을 경험하는 것입니다. 사람은 숨을 들이마시거나 내쉬는 것만으로도 충분히 비관적이거나 낙관적인 상태의 모든 심리적인 변화를 표현할 수 있습니다. 숨쉬기 훈련 과정은 인간의 감정을 좀 더 잘 이해하기 위한 과정입니다. 이 과정은 신체 에너지의 흐름을 조절하기 위한 것이며, 또한 신체 주위의 공간을 이해하기 위한 과정입니다. 에너지 제어(조절) 훈련 과정은 신체 움직임을 제어(조절)하는 훈련으로, 마임 행위의 모든 순간에 있어 매우 중요합니다.

⑤ 움직임(Movement)

마임 배우는 극적인 도구로, 모든 신체를 사용하기 위하여 자기 몸의 가장 작은 변화도 자각하여야만 합니다. 이 훈련은 '신체 각각의 움직임은 내부 변화의 결과'이고, '마임 배우의 움직임은 감정적인 경험의 과정'이라는 것을 확신하게끔 돕습니다.

⑥ 신체 중심으로의 충동(Impulse in the Center of the Body)

충동(衝動, 자극)이란 것은 모든 것의 시작이며, 변화를 위한 결정의 순간입니다. 이 훈련 과정은 충동·자극이 항상 사고의 시작과 공존한다는 것을 익히는 과정입니다. 충동은 신체의 모든 부분에서 느낄 수 있는 사고라는 것과 육체와 정신 사이의 황홀하거나 신비한 조화의 시작이라는 것을 습득합니다.

⑦ 느린 동작(Slow Motion)

마임 예술가의 육체와 정신의 내부적 변화가 지속되는 과정을 훈련하기 위한 것입니다. 느린 동작은 꿈, 상상, 기억, 그리고 환상을 보여주거나 탐구하는 기술입니다. 그것은 변화의 모든 순간에서 매우 필수적입니다.

⑧ 공연(Performance) 즉흥극

일체화(Identification, 혹은 동일시)하는 것은 마임 연기에서 가장 중요한 기술이며, 인물의 특징을 찾아내는 독특한 방법입니다. 일체화 훈련은 이러한 과정을 경험하고 배우는 시간입니다. 우주의 중심은 나의 내부에 있고, 무대에서 나는 중심이고, 모든 것이 나의 일부분이 된다는 것을 믿어야 합니다. 움직임을 의도하기 전에 마임 배우는 표현하고자 하는 사물이나 생각을 심도 있게 평가하고 분석해야만 합니다. 또한 사물, 분위기, 개념, 현상 또는 인간의 심리 상태를 가장 잘 드러낼 수 있는 특징을 찾아내야 합니다. 그 특징을 몸짓으로 일치시키는 과정이 바로 일체화(Identification)입니다. 즉흥극의 행위는 상상력, 꿈, 기억을 표현해내는 것이며, 현실 세계에서 꿈의 세계로의 변화를 형상화하기 위한 것입니다.

당시 50대 초반이었던 스테판은 위와 같은 8단계로 워크숍을 진행하며, 마임을 공연하는 예술가로서 당당함과 강인한 체력을 보여주었습니다. 당시 30대 중반이었던 저는 몸이 점점 쇠퇴해짐을 절감하던 때라 그에게 매우 감동하며 몸에 대한 훈련을 이어갔습니다. 워크숍은 단계마다 무용 마임의 독특한 움직임을 관습화합니다. 무용 마임에서 관습화하는 움직임은 '생각 → 충동·자극(톡, tok) → 호흡 → 움직임'으로 구성됩니다. 이러한 구성을 단계별로 설명하면 다음과 같습니다.

첫 단계는 '생각'입니다. 스테판의 워크숍 이후로 저는 '생각'이란 개념을 보다 포괄적으로 적용하고 있습니다. '생각'은 말 그대로 두뇌의 사고(思考)작용입니다. 이는 머리에 떠오른 생각뿐 아니라, 감각을 받아들이고, 행동을 명령하는 뇌의 활동까지 포함하는 개념일 것입니다. 인간은 감각을 통해서 사물을 발견하고 느낍니다. 눈의 시각, 귀의 청각, 코의 후각 등 감각을 통한 두뇌 작용으로 외부 환경을 깨닫습니다. 따라서 '생각'은 이 모든 것을 포함한 개념이어야 한다고 판단합니다. → 다음 단계는 '충동·자극(톡, tok)'입니다. 순간적으로 숨을 몸의 중심인 명치로 들이쉽니다. 이러한 충동·자극(input)이란 몸의 형태는 변하지 않고, 숨을 들이쉰 다음에 멈추어 있는 찰나를 말합니다. → 그다음은 '호흡'입니다. 명치에서 들이쉰 숨은 가슴에서 시작하여 몸통, 필요에 따라 온몸으로 퍼져서 확장됩니다. → 마지막은 변화의 단계로, '움직임(action)'입니다. 무용 마임은 몸의 움직임을 이렇게 단계별로 세분하여 훈련하고 표현합니다. 즉 호흡은 단순한 숨쉬기가 아니며, 한 호흡의 과정에는 생각과 자극, 몸의 순간적인 들이쉼, 그 들이쉼이 에너지가 되어 몸이 반응하고, 마지막으로 움직임이 되는 단계가 있습니다. 이러한 연습을 가장 기본으로 합니다.

따라서 움직임의 훈련은 숨쉬기와 에너지 흐름에 집중하면서, 온몸을 운영하고 표현하는 연습으로 진행됩니다. 생각 → 호흡 → 움직임 → 정지 → 생각 → 호흡 → 움직임 → 정지 → ... 이렇게 움직임을 시작하기 전 매 순간 호흡으로 온몸에 신호를 줍니다. 즉 한 번 호흡하고 그 호흡으로 몸을 움직이기 시작합니다. 그리고 움직임의 끝은 응축된 형태인 조각상으로 정지합니다. 움직임은 심리적 변화이고, 정지 동작은 심리적 변화의 응축입니다. 이렇듯 정지 동작은 응축된 조각상으로 마무리되고, 조각상은 한 움직임의 마침표가 됩니다. 이 연습은 몸이 습관화되어 그냥 저절로 되어버리는 관습화의 단계까지 요구합니다.

움직임 훈련은 배우가 매 순간 중심을 인식하고 배우 자신이 중심이 되는 수련 과정입니다. 여기서 배우가 중심이 되는 과정이 바로 호흡입니다. 가슴의 중심인 '명치'로 숨을 들이마시며 움직임을 수행해갑니다. 이러한 명치 호흡은 발레처럼 공연자에게 수직 상태의 몸을 인식하게 하며, 몸의 중심을 세우는 원동력이 됩니다. 무대 위에서 배우가 몸의 중심을 인식하는 것은 배우의 몸이 온 우주의 중심으로 확장하는 것입니다. 온 우주의 중심이 된 배우는 동서남북을 새롭게 만들어 가는 우주의 중심으로서 움직임을 형상화합니다.

이는 동양의 음양(陰陽) 사상과 일치합니다. 무용 마임의 몸 중심 사고는 동양의 음양(陰陽), 기(氣) 움직임에 관한 사상을 적극적으로 끌어안고 있음을 알 수 있습니다. 기의 단전호흡이 명치 호흡으로 전이된 것은, 무용 마임이 발레처럼 무대라는 공간성에서 배우의 움직임을 보다 확장하기 위함으로 생각됩니다. 저는 무용 마임의 명치 호흡과 우리의 승무, 살풀이, 탈춤 등에서의 복식 호흡을 정서와 표현에 다양하게 적용하는 실험을 하고 있습니다. 이를 지속적으로 공연에 적용하며 탐구하고자 합니다.

움직임 훈련은 한 동작을 크고 작게 하기를 무수히 반복, 연습합니다. 이 훈련 또한 호흡으로 크고 작은 동작을 표현합니다. 이 단순한 훈련에서 저는 다양한 자극과 감성이 활성화되는 경험을 하였습니다. 동작의 리듬감과 몸의 근육을 운영하고 균형을 잡는 감각, 동작의 크고 작음에 따른 감정의 변화 및 상상력 등에 큰 도움을 받았습니다. 이후, 이 훈련을 작업과 수업에 응용하고 있습니다.

움직임 훈련에서 시선에 관한 연습 역시 깊은 인상을 받았습니다. 시선이란 무언가를 보고 그 자극으로 호흡한 후, '그 무언가'를 보다 섬세하게 보는 과정입니다. 예를 들면 다음과 같습니다. 천장을 바라봤다면 그 자극을 받아들인 후, 천장을 섬세하게 봅니다. 수평선을 바라봤다면, 수평선을 바라보는 자극 후 이를 다시 섬세하게 보는 과정이라 하겠습니다.

무용 마임의 움직임에서는 '톡(tok)'과 '충동·자극(input)'에 반드시 호흡을 싣고 이를 습관화합니다. 따라서 시선도 자극과 호흡을 함께 하는데, 호흡의 순간적 과정을 통해서 시선이 좀 더 강조됩니다. 따라서 시선의 움직임을 통해 인물화에 대한 연기의 접근을 더욱 풍부하게 할 수 있습니다. 많은 배우가 카리스마 있는 연기를 위해서 눈에 힘을 주고, 눈을 부릅뜨곤 합니다. 이때 종종 과장되고 억지스러운 연기로 흐르는 경우가 있습니다. 이럴 때는 시선 연기에 호흡을 실으면 더 효과적인 표현이 될 수 있습니다. 물론 호흡으로 인해 또 다른 과장의 표현이 될 수 있으므로 세심한 호흡 연습이 요구됩니다. '시선'과 더불어 '호흡을 통한 움직임 훈련', '조각가 소품', '배고픈 고양이가 쥐를 잡는 동작 훈련', 그리고 '꽃과 똥의 움직임 표현' 등 무용 워크숍에서 배운 내용들은 저의 몸짓과 작품에 절대적인 영향을 주었고, 저는 이를 지속해서 탐구하며 창작활동을 이어가고 있습니다.

이처럼 무용 마임의 모든 동작은 호흡을 통해 이루어집니다. 호흡에 관한 저의 고민을 토로하면서 무용 마임의 호흡을 좀 더 살펴보겠습니다. 저는 그 당시 공연할 때마다 공연하면서 죽으리라는 관념에 강박적으로 매달려 있었습니다. 이로 인한 지나친 긴장으로, 공연 중 호흡조절에 실패해 거친 날것의 숨이 그대로 관객에게 노출되는 일이 빈번히 일어났습니다. 또한 늘 뭔가에 찔리는 것 같은 뒤통수의 통증과 순간적으로 멍해지는 빈혈 등이 발생하곤 했습니다. 움직임과 호흡에 대해서 깊이 좌절하고 고민하던 중 참가한 무용 마임 워크숍은 저에게 호흡에 관한 것을 일깨워 주었고, 이는 '호흡이란 움직임의 기본 원리'라는 것을 다시 한번 마음에 새기는 과정이 되어주었습니다. 스테판은 "호흡은 에너지이며 호흡을 통해 에너지를 조절한다"라는 말을 강조합니다. 호흡을 할 때 에너지를 '구(球)' 즉, 둥글게 인식하고 숨을 들이쉬는데, 둥근 '구'는 조화이며 완벽한 에너지의 형상이기 때문입니다. 이때 몸통의 중심(center)인 '명치(solar plexus)'로 호흡하는 연습을 반복합니다. 호흡은 집중이며 '나는 중심(I am center)'이라는 자기 인식의 직접적인 통로이기 때문입니다.

무용 마임의 기본 호흡 훈련은 모든 동작에 호흡을 싣고 동작마다 호흡하는 것으로, 이를 관습화하는 것입니다. 한 예로 호흡하고 보고, 호흡하고 걷고, 호흡하고 만지고, 호흡하고 만진 것을 느끼고, 호흡하고 느낀 것을 표현하는 순서로 연습이 진행됩니다. 스테판은 "마임은 살아있는 것이고, 따라서 마임은 호흡하는 것이며, 호흡이 없으면 죽은 마임이다. 호흡은 사물의 묘사이며 동일시이다. 사물과의 동일시는 사물에서 순수함(pure)을 찾는 것"이라고 설명합니다.

　무용 마임의 움직임은 충동 및 자극을 호흡으로 받아들입니다. 숨을 들이쉰 후 그에 관해 움직이고 형상화합니다. 호흡은 또한 사물의 에너지를 느낍니다. 혹은 에너지 그 자체가 되기도 합니다. 즉 호흡은 '사고(思考)의 변화(change)'이며, '리듬의 변화'이고, 리듬의 변화는 '생각의 변화', '내면의 변화', '에너지의 변화'입니다. 스테판은 "사고(思考)의 변화는 에너지의 변화"이고, "들어오는 충동·자극(input)은 에너지의 변화로 표현"된다고 강조합니다. 그리고 에너지의 변화를 가장 많이 경험하는 훈련이 느린 움직임입니다. 이런 호흡 훈련과 충동·자극의 표현 훈련들이 기초가 되어 무용 마임 배우들은 무대에서 궁극적으로 인간존재(human being)를 지향하게 됩니다.

　호흡과 마찬가지로 동작의 응축된 표현 역시 저에게 큰 울림으로 남아있습니다. 스테판은 "어떤 동작에서의 마지막 표현은 그 동작의 끝이 아니다"라는 말을 매 순간 강조하는데 그 일례로 조각상을 들 수 있습니다. 설령 한 조각상의 감정이 팔을 다 뻗으려는 마음일지라도 팔은 응축하여 형상화됩니다. 팔을 다 뻗으면 체육이나 무용 같은 표현이 되기 때문입니다. 마임 특히 무용 마임에서는 관절을 응축하여 그 조각상의 본질을 몸으로 표현합니다. 이러한 응축된 표현이 시적 이미지화하는 것은 판토마임, 코포럴마임, 총체적 마임 등 모든 마임의 언어가 갖는 공통적인 지향점입니다. 그중에서 특히 무용 마임은 스토리 중심의 구체적인 형상화보다 주관적인 시적 표현에 더 주력하는 경향이 강하다 하겠습니다.

스테판의 워크숍은 매번 즉흥 공연으로 마무리합니다. 즉흥 공연으로 주어지는 과제는 돌, 진흙, 물, 새, 사자 등 '모든 사물과의 일체화(Identification)'입니다. 배우는 어떤 사물과 일체를 이루기 위해서, 그 사물의 삶, 에너지, 공간을 인식하며 그 사물의 성격을 발견하고 자기 몸에 집어넣습니다. 배우는 그 사물과 일체가 되어 자기 몸을 통해 표현합니다.

저는 스테판의 즉흥 훈련에서 많은 영향을 받았습니다. 그중 몇 가지를 소개하겠습니다.

우선, '네발짐승의 먹이 사냥' 즉흥 훈련입니다. 먼저 네발로 기어봅니다. 한 걸음마다 호흡하고, 호흡할 때마다 한 걸음씩 걷습니다. 호흡을 급하게 혹은 불규칙적으로도 해보며 걷습니다. 두 발로 이동하는 인간에서 네발짐승이 되어 걸으면서 좀 더 원시적인 움직임을 탐구합니다. 몸이 너무 불편하게 느껴지지 않을 때까지, 오히려 안정적으로 편하게 네발로 걷게 될 때까지 계속 걷습니다. ─ 이제 먹이를 발견합니다. ─ 사냥을 시작합니다. ─ 사냥감을 덮칩니다. ─ 사냥감을 놓칩니다. ─ 이를 반복하며 마침내 사냥에 성공합니다. 이와 같은 마임의 언어를 수행하면서 호흡으로 리듬을 형성해 봅니다. 보통의 빠르기로 걷다가 혹은 빠르게 걷다가 ─ 정지 ─ 사냥감 결정 후 호흡 ─ 빠르게 움직인 후 천천히 풀어봅니다. 여러 가지 경우로 시도하며 그 상황을 즉흥으로 시연합니다.

다음으로 ─ 역시 큰 도움이 된 즉흥 훈련입니다 ─ '어떤 물체를 들고 걷다가 생각에 빠지고 꿈꾸기'와 '아름다운 새를 보고 걷다가 꿈꾸기'입니다. '물체를 들고 걷다가 꿈꾸기' 연습은 사물과의 일체화를 이해하고 체득하는 데 절대적인 도움을 주었고, 이후 작품을 만들 때도 일체화에 관한 생각을 늘 염두에 두게 되었습니다. '새를 보고 꿈꾸기'는 저의 작품에 결정적인 영향을 주었습니다. 저의 대표작 「새·새·새」 중 마지막 장면은 상처에서 치유되어 영원으로 날아가는 새를 형상화한 것입니다. 이때 저는 감정에 휘말려 호흡이 격해지고, 승화된 새의 표현은 매번 고통스럽게 드러나곤 하였으며, 이를 늘 비관해왔습니다. 앞서 고백한 바와 같이 베일을 쓰고 공연한 것은 이런 이유 때문이었습니다. 이 훈련 이후 저는 「새·새·새」를 공연하면서 먼저 호흡이 안정되어갔고, 상승하는 새의 표현도 차츰차츰 평화로워졌습니다.

'아름다운 새를 보고 걷다가 꿈꾸기' 즉흥 연습에서 주어진 상황은 다음과 같습니다.

아름다운 새가 앉아있는 것을 발견한나.
그 새에 도취(매혹)된다.
새가 움직인다.
새가 날아간다.
멀리멀리 사라져간다.

꿈을 꾼다.
새가 될 수 있다면…
나는 걸을 수밖에 없다.
꿈속에서 천천히 날아간다.
현실로 돌아온다.

이 즉흥은 새와의 동일화(identification)를 시연합니다. 새를 발견하고 큰 감흥을 느끼는 것입니다. 이 느낌의 순간, 발견하고 감흥하는 그 순간이 바로 충동·자극이며, 이를 가슴부위의 명치 호흡으로 input 합니다. 다음으로, 새에 대한 감흥의 순간인 호흡에 이어서 손만으로 새를 표현해봅니다. 새가 날아갑니다. 나는 날고 싶습니다. 마임은 환상의 세계를 표현하는 데 탁월합니다. 꿈꾸는 얼굴, 눈, 몸의 소리 등이 현실과는 전혀 다른 에너지가 됩니다. 시선은 하늘로, 꿈의 세계로 향합니다. 그 시선은 또 다른 현실 세계입니다. 날려고 시도합니다. 어느새 납니다. 이때의 변화는 시간과 공간과 풍경을 모두 변화시킵니다. 호흡의 움직임, 기억, 꿈, 이미지, 욕망 등 이 모든 것을 끌어와서 새를 표현합니다. 새는 커지고 더 커지고 더욱더 커집니다. 새가 점차로 커지면서 무릎까지 사용하고, 몸을 나누어 6, 7가지의 순간을 한 몸에서 표현합니다. 온몸으로 확장합니다. 환상의 세계를 느리게 점점 느리게 표현해 봅니다. 슬로모션은 내적 변화를 수반하여 표현하는 것입니다. 마침내 응축되어 멈춥니다(정지 동작). 정지 동작에서 가능한 한 최소한의 리듬을 갖고 깨어납니다. 이제 생각하면서 다시 걷습니다. 꿈꾸기 전의 현실과 꿈꾼 후의 현실은 다릅니다. 하지만 비현실적인 공간을 표현한다고 해도 무대는 배우의 현존으로 가득 차 있습니다. 배우는 현실감으로 존재합니다. 따라서 시연하는 배우는 자기가 존재하는 것을 현실적으로, 무언가를 느끼고 표현해야 합니다. 생각하고, 꿈꾸고, 생각하고, 현실로 돌아오는 것이 표현되어야 합니다. 즉 공간인식에서, 그때마다 상황에 대한 동일시가 절대적으로 요구되며 꼭 필요해집니다. 그 상태의 본질과 함께합니다. 본질에 정답은 없습니다. 배우에게 요구되는 것은 완벽한 동일시를 향한 지속적인 시도이며, 시연이라는 확신으로 수행하는 것이고, 공연 후에는 자신을 되돌아보는 성찰의 시간을 갖는 것입니다.

위의 글 중 '몸을 나누어 표현하는 것'과 '정지 동작에서 깨어나는' 대목에 관하여 좀 더 세세하게 설명해보겠습니다. 먼저 '정지 동작에서 깨어나는' 것은 몸의 중심인 명치로 호흡하는 것을 활용합니다. 아주 미세한 명치의 들숨으로 환기하며 깨어나는 것입니다. 이는 시작 동작에서 input과 동일합니다. 이를 통해서 정지 동작에서 깨어나는 것이 곧 시작 동작임을 알 수 있습니다.

다음으로, 몸을 나누어서 각기 다른 부위의 몸으로 표현합니다. 이는 무척 어렵고 어려운 작업입니다. 그렇지만 마임과 연기는 하나가 아닌 다양한 악기가 있는 오케스트라입니다. 이 다양한 악기를 연주하는 마임과 연기는 호흡과 분절의 테크닉을 꾸준히 연마하는 끝이 없는 수행이라 하겠습니다.

스테판은 마임의 전통적인 테크닉의 중요성을 강조하면서, 또한 자신만의 독특한 테크닉을 알고 연구해야 함을 역설합니다. 마임의 테크닉은 자신만의 고유성을 찾는 기본이 되는 것이고, 무엇보다도 중요한 것은 바로 자신의 표현을 찾는 것입니다.[192] 스테판은 마임 예술에 관해서 다음과 같이 주장합니다.

> 마임 예술은 인간의 가치를 가르쳐 주기 위한 것일 뿐만 아니라 인간 정신의 이해를 심화시키기 위한 것이다. 마임 예술은 말로는 도달하기 어려운 가장 깊은 감정에 도달할 수 있는 예술이다. 그런 이유로 마임은 말이 없는 단순한 행위가 아니라 언어를 뛰어넘는 행위이다. 마임이 육체와 정신의 종합이라는 것을 기억해야만 한다. 인간의 수수께끼와 삶의 신비에 대한 탐구과정은 끝이 없다.[193]

당시 저는 초심자의 행운에서 멀어져갔고, 공연예술에 대한 이상과 환상이 깨지던 시기였습니다. 90년대 전반에 걸쳐서 저는 리얼리즘 연극, 특히 번역극에서 번역 말투의 연기를 왜 보고 있어야 하고, 왜 해야 하며, 또 이러한 연극이 인기가 있는 이유를 이해할 수 없었습니다. 번역 투의 연기를 너무 과민하게 거부하다 보니 셰익스피어와 체호프 같은 명작도 지루하게만 느껴졌습니다. 일상의 연기 자체가 상투적으로 보였고, 상업적 예술이라 비난하며 전통 굿판과 실험극 쪽으로 관심을 쏟았습니다. 그런 가운데 모방에 대한 거부감과 창작에 대한 이상에 사로잡혀, 막상 저 자신의 공연은 어떻게 창작해야 할지 갈피를 못 잡고 헤매기만 했습니다.

---

192 『객석』, p. 219.
193 1996년 마임 강습회 프로그램에서 인용.

이런 방황의 시기에 무용 마임 워크숍은 다시 공연예술의 이상과 삶의 신비를 체험하는 시간이었습니다. 2주간의 짧은 기간이었지만 온전히 몸을 훈련하며 마임의 체계적인 기초를 이해할 수 있었고, 공연을 구상하며 연기와 마임을 공부하고 연구할 수 있는 출발점이 되었습니다.

연구의 시작은 연기를 하면서 가장 고통스러웠던 호흡입니다. 호흡은 광대한 연구과제이며 신비한 우주와도 같습니다. 저는 창작과정과 공연에서 배우의 모든 것이 호흡과 연결되어 있음을 절절하게 깨닫습니다. 호흡에 관해서 틈나는 대로 노트하고 세분화하며 하나하나 탐색하고 있습니다. 다양한 감정의 생성·발산·확산, 몸의 확장, 배우의 건강, 연기의 현실감, 배우의 존재감, 배우의 자기실현 등이 모두 호흡과 연결되어 있기 때문입니다.

좀 더 구체적인 앞으로의 과제는 호흡을 통한 리듬의 변화를 탐구하여 배우가 인물화와 움직임을 구축할 때, 실질적인 도움이 되는 방법론을 체계화하는 것입니다. 또한 감정의 변화에 관한 다양한 접근법을 호흡을 통해 탐구하고자 합니다. 이러한 세부 사항을 연구하면서, 호흡을 통한 실질적인 연기 방법론의 체계를 구축하고 싶습니다. 호흡에 관한 연구가 배우와 관객에게 예술을 치유적으로 향유할 수 있는 작은 기틀이 되었으면 하는 바람입니다. 이러한 소망이 이루어지길 염원하며 한 걸음씩 내딛고 있습니다.

본서 『마임노트』는 움직임을 통해서 호흡하는 여러 방법을 탐색하며 '몸짓의 확장'을 화두(話頭)로 삼고 공부한 내용입니다. 확장된 움직임과 연기가 머리로는 이해가 되는데, 몸으로는 어떻게 표현해야 하는지

난감할 때가 많습니다. 그럴 때마다 마음을 공부하고 몸짓을 연구하면서 몸과 호흡, 움직임과 호흡의 관계를 조금씩 깨달아 가고 있습니다.

몸짓의 확장은 종종 과장된 몸짓과 혼동되기도 합니다.

몸짓을 확장한다고 움직이다가 과장된 움직임으로 어색한 표현이 되곤 합니다. 과장된 몸짓은 억지스럽게 꾸미는 연기로도 이어집니다. 저는 배우의 과장된 연기에 심한 거부감이 있습니다. 진하게 감동한 공연조차도 과장된 연기를 하는 배우가 있으면 그 감동은 흩어져버리고 공연 자체에 대해서 실망하곤 합니다. '왜 이런 감정에 빠지는 걸까? 내가 과장된 연기를 안 하면 되지 않나?' 이런 질문을 하며 그 이유를 들여다봅니다. 거기에는 자신의 감정에 휘둘린 배우의 뒷모습이 애처롭게 서 있습니다. 그리고 자기도취에 빠진 에고(ego)와 함께 헤매는 배우의 옆모습이 보입니다. 이어서 앞모습의 배우가 나타납니다. 그의 마음속엔 질투가 똬리를 틀고 있습니다. 대중에게 찬사를 받는 배우, 대배우, 스타 배우들의 연기를 과장된 연기로 폄하하며, 질투하는 저 자신입니다. 몸의 확장에 관한 탐색이 제 마음의 상태와 연결됩니다. 마음과 신체가 처절하게 대면합니다. 배우가 연기할 때 자기 신체를 확장하는 것에 관한 질문은 배우 정신에 관한 물음이 되고, 신체와 정신은 결코 분리될 수 없다는 것을 깨닫습니다.

과장된 연기를 하는 배우에게서 저의 에고가 투사됩니다. 그래서 더욱 안간힘을 쓰고 과장된 연기에 감염되지 않으려 발버둥 칩니다. 그런데 그러면 그럴수록 저는 "완전히 감정에 굴복하고 탄식합니다. 될 대로 되라고... 질릴 듯한 동요 속에서 혼란만 거듭"[194]하다가 과장된 연기에 휩쓸립니다. 과장된 연기에서 벗어나려는 생각은 강박이 되어 오히려 저의 연기를 억압하는 자의식으로 돌변합니다. 저의 연기는 추악한 에고가 넘쳐나고, 이를 감추기에 급급하여 점점 자신 속으로 숨어 버립니다. 결국엔 무미건조한 연기로 무대에서 화도 제대로 못 내는 배우로 서 있습니다.

이런 배우에게, 무용 마임에서 경험한 호흡과 응축된 표현은 아기의 동작처럼 순수하게 다가왔습니다. 처음에는 어색했고, 엄청나게 과장되게 느껴졌지만, 감정에 굴복되어 휘둘리는 것이 아니라 몸의 각 부분이 살아나고 뻗어나가는 확장된 이미지가 몸을 통해 감지되고 구축되기 시작했습니다. 낯설었던 가슴 명치로의 호흡과 응축된 표현의 시작 동작과 정지 동작이 몸에 조금씩 익혀지자, 과장된 동작이 아닌, 이미지가 충만한 확장된 움직임으로 인식되어갔습니다. '아 그렇구나. 과장에도 순수함이 있겠구나' 하는 느낌이 다가옵니다. 과장(誇張)은 순수하게 몸의 확장으로 승화될 수 있고, 이는 곧 연기의 양식화에 대한 아름다움이 될 수 있겠다는 확신이 섭니다. 저는 감정을 쥐어짜면서 우연이나 영감에 의존했던 연기를 내려놓고 호흡으로부터 시동을 걸어봅니다. 점점 안정적인 연기를 수행할 수 있게 되어갑니다. 이러한 과정을 통해서 연기의 생명은 숨쉬기이고, 숨쉬기는 연기(액팅)를 집중되고 몰입한 상태로 이끕니다. 호흡은 에너지이며 리듬이고, 감정이며 몸짓임을 깨닫습니다.

---

[194] E. 고든 크레이그, p. 87.

또 하나의 화두는 '배우의 현실감'입니다.

스테판은 워크숍 중 수시로 "마임은 배우의 현존으로 이루어진다"
라고 말합니다. 배우는 비사실적인, 추상적인 공간을 표현한다고 하더라
도, 현실적인 공간에서 현실감으로 존재한다고 강조합니다. 저는 알 듯
모를 듯한, 막연하게 이해는 되나 실제로 다가오진 않았던 '배우의 현실
감'이라는 개념을 '동일화에 대한 즉흥'을 하면서 차츰 저 나름대로 해석
하게 되었습니다. 장 루이 바로(Jean-Louis Barrault)는 현실감을 대상물
과의 관계로 파악한 듯합니다. 그는 다음과 같이 배우의 현실감각에 대
해 말합니다.

대상물로서 마임 배우는 리얼리즘을 알게 된다. 그리고 삶을 주제
로 하여, 감정을 표현한다. 마임 배우는 자신의 상상력 덕분에 리
얼리즘과 감정의 자리를 서로 바꿔, 시적인 리얼리티를 창조한다.
거기서 출발하여, 그는 그다음에는 음악이 되고, 언어가 되고, 무
용이 되고, 노래가 될 시 예술을 이룩한다. 이러한 자리 이동은 진
실의 왜곡이 아니며, 시는 풍자가 아니다. 삶의 신비로운 침묵 속
에서 각 대상물은 그 자체를 환상적인 존재로 보여준다. 매력적인
존재다. 이 존재 앞에서 우리 내부에서 제기되는 반응을 주제로
하는 것은 놀랄 만한 것이다.[195]

---

[195] 끌로드 끼쁘니, p. 189.

배우의 몸이 실제적인 감각과 감정으로 움직이기 시작하고, 거기에 상상력이 더해지면서, 배우의 현실감 있는 몸짓은 대상물과의 동일시로 이어집니다. 그럼으로써 추상적인 관념은 배우의 현실감으로 동일시된 배우의 몸으로 인해 그림이 되고, 음악이 되고, 시가 됩니다.

현실감과 동일시는 서로 중첩되어 마임에서 가장 중시하는 것 중 하나인 '환영'과 만납니다. 따라서 현실감과 동일시, 그리고 환영은 서로 교차합니다. 현실감으로 충만한 연기는 어떤 대상을 형상화할 때 동일시와 동시에 환영의 이미지가 형상화됩니다. 판토마임, 코포럴마임, 무용 마임, 총체 마임 등의 마임 예술이 궁극적으로 추구하는 것 중 하나는 몸의 시적 리얼리티입니다.

시적 리얼리티는 대상과의 일치를 넘어선 그 무엇입니다. 아도르 노[196]는 예술작품과 사물의 구분을 강조합니다. 사물은 보이는 것 이상이 아닌 사물 자체입니다. 우리는 일상생활에서 신발, 칫솔, 책상, 연필 등의 사물들을 보면서 예술작품이라고 생각하지 않습니다. 하지만 아도르노는 예술작품은 눈에 보이는 '그 이상의 것(the more)'으로 여겨질 때 예술이 된다고 보았습니다. 그 예로 마티스(Henri Matisse, 1869~1954)가 만든 작은 조각품에는 길거리에서 파는 기계로 찍어낸 조각 인형 이상의 그 무엇이 있습니다. 신발이나 칫솔 같은 일상적 사물이 예술작품이 된다면 이미 그것은 단순한 사물 이상의 것으로 간주됨을 뜻합니다. 그래서 아 도르노는 예술작품이 '그 이상의 것'을 지니지 못하고 사물로 전락해버

---

196 아도르노(Theodor Wiesengrund Adorno, 1903~1969): 독일의 철학자이자 미학자로 프랑크 푸르트학파의 중심인물. 체계성을 거부하고 근대문명에 대하여 독자적인 비판을 제시.

린 예술을 경계했습니다. 예술작품이 사물을 넘어서 '그 이상의 것'을 지닌다는 말은 사물과 달리 다른 어떤 것으로도 대체할 수 없는 자신만의 고유함을 지니고 지닌다는 것을 의미합니다.[197]

아도르노의 고유함은 마임에서 다루는 동일시와 일맥상통합니다. 고유함과 동일시는 'identity'로 해석할 수 있습니다. 따라서 동일시는 아도르노의 고유함과 마찬가지로 사물을 넘어서는 자신만의 고유함을 내포합니다. 동일시가 고유함의 의미를 지닐 때, 마임 예술의 환영은 시적 현실감으로 존재합니다. 마임은 궁극적으로 시적 리얼리티를 추구하며 삶의 신비를 형상화하는 예술이라 하겠습니다.

스테판은 동일시(identification)를 '모든 사물과의 일체화'로 설명합니다. 이는 장자(莊子)가 꿈에서 본 나비와 자기를 일체화한 호접지몽(胡蝶之夢)으로, 물아일체(物我一體) 사상과 일치합니다. 자기 자신을 사물과 완전히 일체화시키는 것이 곧 배우의 몰입(沒入)이고, 이 몰입의 순간은 배우 자신의 에고가 사라지는 몰아지경(沒我之境)이며 무아지경(無我之境)이라 하겠습니다. 저의 공연이 무아의 시적 리얼리티가 충만한 작품으로 형상화하길 기도합니다.

그리고 마지막 화두는 배우의 '자기(自己, self)'입니다.

---

197 박영욱, 「예술이 세상을 구원하리라」, 『네이버 지식백과─보고 듣고 만지는 현대사상』 (https://terms.naver.com/entry.naver?docId=4355986&categoryId=59912&cid=41908) 참조.

자기를 찾고 자기를 실현하는 것입니다. 한국융연구원 교수인 이보섭[198]은 자기에 대해서, 노자(老子)가 도(道)를 도라 이르면 도가 아니다(道可道非常道)라고 말한 것처럼, 자기의 특징을 규정하는 것은 무리가 있지만, 자기의 중요한 특징으로 창조성, 유희성, 자발성, 그리고 대극합일(對極合一)을 말합니다. 이처럼 우리 인간은 창조성을 깨닫고 재미를 느끼며 자발적인 행동을 예술에서 체험할 수 있습니다. 또한 예술은 자기 생각과 느낌의 정반대인 것에 대응하며 합일을 추구하는 마당이기도 합니다. 이렇듯 예술을 체험하는 것은 자기를 찾는 과정으로의 접촉이었다는 것을 이제야 조금 깨닫습니다.

거의 모든 배우는 자유롭기 위해서 연기를 시작하지만, 많은 배우가 자기를 찾지 못하고 욕망의 에고에 의해 왜곡되곤 합니다. 결국은 자기를 잃고 욕망에 휩싸인 채 포장된 연기 혹은 과장된 연기에 익숙해집니다. 어떤 배우는 드디어 스타가 됩니다. 스타가 못 된 배우는 자신을 못 알아본다고 세상을 원망하는 배우가 되기도 합니다. 배우 중 자기분열, 자기망상 등에 빠지는 경우도 많습니다. 스타가 되어서도 자신을 파멸시키는 배우들이 자주 매스컴을 달굽니다. 자유를 찾던 젊은 배우들은 어느새 불행한 배우로 나이 들어갑니다. 저 역시 자유로운 배우가 되고 싶었고, 세상이 왜 나를 못 알아볼까 원망하고, 욕망에 휘둘린 채 스타들을 부러워하며 질투합니다. 이리한 자신이 참으로 가엽고 부끄럽습니다. 어떻게 하면 자기를 찾을 수 있을까 하는 안타까움 속에서 헤매다가 마임

---

[198] 이보섭: 한국분석심리치료협회회장, 이보섭융연구소 소장 / 융(Carl Gustav Jung, 1875~1961): 스위스의 정신의학자, 심리학자 / 저는 이보섭 교수에게 2006년부터 약 3년간 융민담폐쇄집단과정을 공부했습니다. 그때 강의록에서 발췌한 내용입니다.

을 만났습니다. 마임은 저를 정화해 줍니다. 그리고 꾸준한 몸 훈련을 하도록 이끌어줍니다. 수련(修鍊)만이 스스로 자신을 구원하리라는 것을 깨닫습니다. 지속적인 훈련과 가능성에 대한 끝없는 시도가 자기를 실현해 나가는 한 길이라 생각합니다.

스테판의 워크숍은 90년대 당시 국내의 젊은 마임 배우들에게 깊은 인상을 남겼습니다. 특히 노영아[199]는 스테판의 극단에서 일정 기간 연수하고 돌아와 몸을 통한 이미지 공연 「몽상」, 「오늘」, 「천변풍경」 등 다수의 독특한 작품을 선보이며 활발한 활동을 하고 있습니다.

---

[199] 노영아는 전통 굿을 탐구하고, '유진규네몸짓'의 단원으로 마임 활동을 시작하였습니다. 마임의 집, 춘천마임축제 등에서 중추적인 역할을 수행하였고, 현재 프로젝트 시공간 상임 연출을 하며 공연과 교육에서 활발한 활동을 전개해 나가고 있습니다.

5

마임의 영향

마임은 인간의 몸짓을 만물로 표현하는 예술입니다. 인간의 몸을 사용하는 연극, 무용 등 모든 공연예술에 인접해 있습니다. 그래서 분류화가 심화한 근대에 들어와서도 확고한 장르로 인식되지 못했습니다. 그러나 이러한 미분화된 의식으로 인해 마임은 연극 인류학적 맥락 속에서 '상이한 장르, 양식, 역할, 사적이거나 집단적인 전통이 기초'한 '전-표현적인 무대 행동'[1]을 대표하게 된 예술이라 하겠습니다. 즉 마임은 모든 예술의 공연자가 몸을 유일하고 독특한 자신만의 몸짓으로 표현하는 언어라고 규정할 수 있습니다. 디 나아가 평론가 정수연은 공연에서의 모든 요소, 시공간까지 몸의 확장된 개념으로 보고, 모든 공연은 마임을 품고 있다고 말합니다.

---

[1] 유제니오 바르바, p. 24.

마임의 재료는 무엇일까. 그것은 다름 아닌 몸이다. 사실 몸의 연극이라는 말은 논리모순이다. 공연이란 배우와 관객의 몸이 함께함을 뜻하는바, 모든 연극에서 몸이 빠질 수는 없기 때문이다. 여기에서 몸이 가리키는 범주는 넓다. 얼굴의 생김새, 표정, 팔다리의 움직임, 호흡, 분위기 등 몸이 존재하는 시공간까지도 '몸'이라는 개념에 포함된다. 그렇게 볼 때 독립적인 장르로서의 마임의 역사 기록이 풍성하지 않은 것은 어쩌면 당연하다. 마임은 독립된 장르라기보다는 메타 장르에 가깝기 때문이다. '모든 연극은 마임을 품고 있다.' 연극사를 통틀어 볼 때 몸의 훈련을 중요하게 여기지 않은 연기 교사는 아무도 없었고, 사실주의를 제외하고는 몸의 '의도된 행위'를 의식하지 않는 연극 또한 어디에도 없었다.[2]

코포, 스타니슬랍스키, 메이예르홀트, 브레히트, 바로 등 20세기 서구 연극의 선구자들 역시 몸에 주목하며 이에 따른 훈련으로 연극을 개혁하고자 하였습니다. 공연예술의 선구자에게 있어서 마임, 판토마임, 코메디아 델라르테는 연극성을 발견하는 하나의 보고였습니다. 이 보물창고에서 배우의 제스처와 즉흥극의 창조력, 연기자와 집단에 의존하는 총체연극의 모델이 재발견됩니다.[3] 특히 코메디아 델라르테는 마임이 연극을 떠나거나 복귀하면서 통과한 관문이기도 합니다.[4]

---

[2] 정수연.
[3] 빠트리스 파비스, p. 451.
[4] 토머스 리브하트, p. 153.

서구 연극의 선구자들은 그들의 연극을 개혁하기 위하여 동양의 표현 예술적 원리를 통해 배우 예술을 구축했습니다. 언어의 제약에서 벗어난, 언어를 뛰어넘는 상징적인 동양의 몸짓에 주목하였습니다. 연극의 개혁자들이 동양 예술의 시적 몸짓을 마임으로, 배우의 표현 동작 기호 등으로 해석하면서 배우수업의 창의적인 방법들이 탄생했습니다.

자끄 코포는 과거의 연극을 돌아봄으로써 현대연극에 최초로 개방무대를 도입했고, 무대를 말끔히 비운 후 무대를 채울 수 있는 배우, 즉 텅 빈 무대를 압도할 역량을 갖춘 배우를 양성하는 데 심혈을 기울였습니다.[5] 그는 배우의 힘은 신체에서 나온다고 생각해서 무용, 펜싱, 마임, 코메디아 델라르테, 일본의 노(能) 동작 등을 연구하며, 자기 몸에 관한 경험과 해부학적 지식이나 근육조직에 대해서도 잘 알아야 한다고 생각했습니다.[6] 이러한 코포의 철학에서 나온 훈련이 즉흥연기입니다. 그 당시 생소했던 개념인 즉흥연기의 훈련은 배우의 창조력을 높여주고, 연출가와 작가의 독재적인 간섭에서 벗어나도록 해주며, 그들의 선배인 코메디아 델라르테의 배우들이 갖추었던 육체와 정신의 유연성을 발견해내는 데 도움을 주었습니다.

배우의 신체적 유연성을 높여 연기 능력을 향상시키는 데 가장 중요한 역할을 한 것은 신체 훈련과 마임이었습니다.[7] 곧 신체 훈련과 마임은 코포럴마임으로 합쳐지고, 학생들은 이것을 가면 수업이라 불렀습니

---

5 토머스 리브하트, pp. 32-33.
6 김방옥, 『21세기를 여는 연극: 몸 퍼포먼스 해체』, p. 25.
7 토머스 리브하트, p. 37.

다. 이 수업은 중립 가면을 쓰고, 옷은 부끄러움을 가릴 정도만 남겨두고 거의 나체로 이루어졌습니다. 이렇게 중립 가면을 씀으로써, 얼굴 표정을 통한 의사 전달의 가능성을 최대한 배제했습니다. 얼굴 표정의 배제는 신체의 나머지 부분이 그 본래의 역할뿐 아니라 의사 전달의 기능까지 떠맡아야 하는 것을 의미합니다.[8] 배우의 얼굴을 가림으로써 몸이 더욱 큰 표현력을 발휘하도록 하였습니다. 이 중심사상으로 인해 배우의 수족보다는 근본 내면이 중시되었습니다. 그리고 바로 여기에서 모던 마임이 탄생했습니다.[9] 드크루는 자끄 코포의 신체 훈련을 코포럴마임이라는 예술 장르로 창조하였습니다. 이와 같은 코포의 신체 훈련(가면 훈련, 마임 훈련)은 기존 연극과 배우의 죽음을 의미하기도 했습니다. 그 죽음은 연극의 소생을 위한 필수적인 선결 조건이 되었습니다. 자끄 코포는 '아무것도 없는(void)' '무아의 상태(state of unbeing)'를 경험하고 난 뒤, '새로이 탄생하는(coming back to life)' 이 과정을 연극계 전체가 경험해야 한다고 말했습니다.[10]

신체 훈련을 통해 연극을 소생시키고자 했던 연극 개혁자들과 동시대 프랑스 철학자 베르그송(Henri-Louis Bergson, 1859~1941)의 '신체의 지성' 개념이 연계되고, 그들은 서로에게 영향을 끼쳤다고 여겨집니다. 베르그송은 신체란 단지 정신에 봉사하는 도구가 아니라 나름의 목적과 규칙을 가지고 활동한다며 이를 '신체의 지성'이라 표현합니다. 신체는

---

[8] 토머스 리브하트, p. 38.
[9] 토머스 리브하트, p. 101.
[10] 토머스 리브하트, pp. 41-42.

본래 생명의 탄생부터 그것을 유지하고 활동하게 하는 기본적 실체입니다. 이런 이유로 베르그송은 지성 자체도 신체적 과정에 토대를 두고 있다고 말합니다. 그 신체의 활동은 반복을 통해 이루어집니다. 그러나 언제나 같은 반복은 아닙니다. 신체의 반복적 활동은 매번 나타나는 미세한 차이들을 수용하면서, 종국에는 하나의 완성된 습관을 만들어냅니다.[11] 베르그송은 신체적 습관의 메커니즘과 같이 지적인 학습에도 무수한 반복적 훈련이 필요하다고 말합니다.

> 하나의 동작은 수많은 근육의 긴장으로 이루어져 있다. 직접 동작하기 위해 우리는 이 근육의 움직임을 하나하나 익혀 나의 것으로 만들어야 한다. 같은 동작을 무수히 반복하면 그것은 요소적인 근육운동들로 분해되어 자세한 모습을 드러낸다. 요소적인 운동들을 자유자재로 할 수 있을 때쯤이면 그것들은 서로 간에 조화를 이룰 수 있게 된다. 요소들의 자율성과 전체와의 연대가 동시에 이루어지면 하나의 춤동작이 완성된다. 이처럼 반복은 분해와 재구성이라는 과정을 통해 '신체의 지성'을 작동하게 한다.[12]

사람들은 보통 지적인 학습을 습관으로 생각하기보다 분석적이거나 창조적인 과정으로 생각합니다. 습관은 걷기나 자전거 타기가 그렇듯이 신체의 단련과 관련된 것으로, 지적인 학습은 순수하게 정신적인 과정으로 생각하는 것입니다. 그러나 이것은 편견입니다. 지적인 학습에도 무

---

[11] 황수영, p. 131.

[12] 황수영, p. 131 / Henri(-Louis) Bergson, p. 193 재인용.

수한 반복적 훈련이 필요합니다. 베르그송은 지적인 학습이 신체적 습관의 메커니즘과 정확히 일치한다고 보았습니다. 그것은 우선 동일한 노력을 반복하여 이루어지는데, 그 과정에서 전체 내용을 하나하나 분해하고 재구성하면서 차차 자기 것으로 습득해 나갑니다.[13] 베르그송의 '신체의 지성' 개념은 연극 개혁자들이 주장했던 연극의 신체성에 대한 생각과 같은 연결선 상에 있습니다.

당시 연극 개혁자 중에 판토마임 전통의 영향을 크게 받은 연출가로는 메이예르홀트(Vsevolod Emiljevitsch Meyerhold, 1874~1940)와 브레히트(Bertolt Brecht, 1898~1956) 등이 있습니다. 이들은 판토마임의 양식성에 주목했고, 이것을 통해 자신의 연극적 이상을 실현하고자 하였습니다.

메이예르홀트는 "판토마임은 그 내부에 숨겨져 있는 것을 통해서가 아니라 그것이 만들어지는 방법으로 사람을 흥분시킨다"라고 주장했고, 배우 훈련에 마임을 적극적으로 도입하며 '배우의 신체적 조형성'[14]을 탐구해 나갔습니다. 이것은 극의 긴장이 플롯이나 복잡한 줄거리보다 오히려 배우의 기량에 대한 존경에서 생겨난다는 것을 의미합니다.[15]

브레히트는 일상생활의 동작 및 형태와 무대상 사이의 비율을 수정할 것을, 즉 무대적인 양식화를 강조했습니다.[16] 그는 "게스투스(Gestus)

---

13 황수영, p. 130.
14 김방옥, 『21세기를 여는 연극: 몸 퍼포먼스 해체』, p. 12.
15 테리 호즈슨, p. 570.
16 빠트리스 파비스, p. 272.

에 전적으로 의존하는 연극은 안무가 필요하다. 한 제스처의 우아함, 집단적 동작의 맵시는 소외효과를 충분히 유발할 수 있으며, 판토마임의 창조적 고안은 이야기에 도움을 준다"[17]라고 서술하며, 판토마임의 양식화가 자연스러움을 제거하는 것이 아니라 고양할 수 있다고 주장합니다.

오늘날 문화계는, 연극, 마임뿐 아니라 모든 공연예술계가 신체 예술에 관한 탐구를 이어가고 있습니다. 하지만, 세계화로 치닫고 있는 사회상은 서구의 이분법적 세계관 바탕 위에 놓여 있습니다. 현대인의 삶 역시 심각한 부조화에 시달립니다. 이를 극복하기 위해 성찰하고, 정신과 몸으로부터 분리된 사고에서 해방되고자 포스트모더니즘적 사유를 통해 몸의 예술을 모색하고 있습니다.

서양의 경우 스타니슬랍스키가 신체 행동의 방법론을 말한 후 아르또, 그로토프스키 등등 20세기의 연극인들은 몸의 철학적 의미와 실제적 활용을 강조했는데, (...) 이들의 실천과 논의는 몸을 바라보는 서양의 이분법적 세계관 위에 있음을 기억할 필요가 있다. 이들에게 몸이란 철학적 이분법의 한 축일 뿐이다. (...) 이러한 접근은 오히려 마임이 갖는 몸의 총체적 특성을 간과하게 만든다. 몸과 정신, 몸과 말, 몸과 이성, 몸과 사회, 몸의 표현과 정신의 사유 등을 이분법적으로 나눠버릴 때 마임의 몸은 단순히 수단과 재료로만 이해될 수밖에 없다. 몸의 사유를 거세시켜버렸다고나 할까. 몸에 대한 강조가 오히려 몸의 의미를 추상화시켜

---

[17] 베르톨트 브레히트, 「연극을 위한 소지침서」, p. 339.

버린 셈이다. 이는 우리의 시대에도 마찬가지이다. 몸을 찬양하는 목소리가 높아질수록 몸은 초콜릿 복근의 구획 안에서, 글래머러스한 곡선 위에서 몸은 그 총체성의 빛을 잃어버리고 만다. 몸은 움직임과 사유의 힘을 잃은 채 그저 감각적인 볼거리로 전락해버렸다. 몸이 타락한 이 시대에 몸의 연극은, 마임은 오히려 갈 곳이 없다.[18]

정신과 신체를 분리하는 시대상은 문화에서도 계층, 세대 간의 극단적 갈등으로 나누어집니다. 이러한 현상을 치유한 사례로, 정수연은 속(俗)이 성(聖)으로 승화된, 정신과 신체의 분리를 몸으로 통합한 원효의 역사적 사건을 몸짓(마임)으로 불러냅니다. 그리고 예술과 삶을 통합하는 길에서 마임(몸짓)의 가능성을 모색합니다.

인간의 삶을 총체적으로 이해하고 담아내는, 그리고 언어라는 이성적 도구가 아닌 몸이라는 직관적 도구로서 관객에게 다가가는 예술이 바로 마임이다. (...) 이분법적으로 나뉘지 않는다. 나뉘기는커녕 오히려 목표가 같다. '관객들의 삶과 무관하지 않은 예술'. 가장 저속한 몸짓으로도 가장 성스러운 것을 담아냈던 것이 고대의 마임이었음을 기억해보자. 원효가 호롱박을 허리에 찬 채 그것을 덜렁덜렁 흔들면서 화엄경의 교리를 전파했던 파격은, 어쩌면 마임이 보여주는 전형적인 자기 존재의 방식인지도 모르겠다. 원효의 마임이 얼마나 놀랍도록 고통받고 상처받은 사람들의 일상

---

[18] 정수연.

에 스며들었는지 생각해보자. 소통과 공감이란 미덕 앞에 형식과 태도의 문제는 그다지 중요한 것이 아니다. 마임은 몸으로 분리된 예술이 아니라 몸으로 통합된 예술이기 때문이다. (...)

현대의 예술이 향하는 방향은 예술과 삶의 통합이다. 여기서 잠시 러시아의 철학자 바흐친의 이야기를 생각해보자. 그는 예술의 책임을 말했다. 그러한 책임을 깨닫는 것이야말로 예술이 기계적인 실천이 되지 않는 유일한 방법이기 때문이다. 머리와 감각의 깨달음이 삶의 깨달음으로 이어지는 것. 학문과 인격은 통합되어야 하고 예술은 삶에서 검증되어야 한다는 것. 이것이 바흐친이 말한 예술의 책임이다. 그에 따르면, 시인은 생활의 비속한 글을 접할 때마다 자신의 시에 죄가 있음을 반성해야 하고, 생활인은 예술이 황폐해지는 것이 자기 자신의 진지하지 못함 때문이라는 사실을 깨달아야만 한다. 놀라운 말이다. 예술과 삶이 이토록 밀착되어 있다면 몸을 가진 우리가 해야 할 반성은 차고도 넘칠 게다. 이러한 논리를 받아들인다면 몸이 타락한 시대의 책임은 어쩌면 몸을 예술의 도구로 활용하는 공연예술에 있는 셈이다. 그러면 공연예술을 하는 우리는, 온전한 몸의 언어인 마임은 무엇을 해야 할 것인가? 어떻게 이 타락한 몸의 시대를 책임질 것인가? 무엇으로 진지해질 것인가? 짊어져야 할 책임은 무엇이고 치러야 할 죄과는 무엇일까? 어쩌면 이러한 질문이 가능성을 열어젖히는 시작점일지도 모르겠다.[19]

---

[19] 정수연.

현대의 수많은 공연에서, 그 공연이 상업적이든, 혹은 비상업적이든 상관없이 마임의 가능성은 복합적이며 다양하게 꽃피고 있습니다. 특히 현대 프랑스 연출가 므누슈킨은 역사적으로 존재했던 많은 형식에 기초하여, 「태양극단」 연극을 발전시켜 나갔는데, 그 형식들의 기초는 총체적 마임, 즉 광대극, 코메디아 델라르테, 곡예사들의 기술을 참조하는 것이었습니다.[20] 현대의 많은 공연 예술인이 마임에 주목하고, 마임 수업을 연기훈련으로 실행하며 공연을 창작합니다. 마임은 배우들에게 '변형의 상상력에 토대가 되는 형식'[21]을 제공합니다. 바로 이러한 재인식이 마임의 영향력이라고 여겨집니다.

지금까지 마임의 영향을 서술하면서 확인한 것은, 마임은 연극의 중심에서 멀리 떨어져 있는 어떤 희한하거나 고립된, 고귀한 형식이 아니라, 예전부터 그랬듯이 연극의 중심을 차지하는 다면적인 표현 형식으로 존재한다는 것입니다. 무엇보다도 마임은 몸짓과 대본, 음악, 조명 그리고 무대장치 간의 종합을 이루며 배우들이 만들어내는 창조적 공연(performance)입니다. 마임은 말하고자 하는 욕구와 몸짓으로 나타나고, 작가 겸 배우(actor-creator)는 이를 통해 자기 내면 상태를 최초로 표현해냅니다. 따라서 마임은 즐거움을 제공하는 하나의 유희 즉 무언극에 불과한 것이 아니라, 바로 연극의 시원(始原, womb)입니다.[22]

---

20 노이정, p. 32.
21 노이정, p. 32.
22 토머스 리브하트, p. 26.

저에게 있어서 마임은 '나를 찾아가는 길'입니다. 살아가면서 겪는 두려움, 열등감, 죄의식, 좌절 등의 상처에서 벗어나 일상의 기적을 새삼 발견하게 합니다. 작가 콜레트(Sidonie Gabrielle Colette)는 한때 판토마임 배우로서 순회공연을 하며, 삶에서 느낀 좌절과 희망에 대해 자전적 소설『방랑하는 여인(La Vagabonde)』에서 다음과 같이 서술합니다.

> 무대에 섰지만, 난 변한 게 없다. 지금도 진한 분장의 그녀가 거울 저편에서 날 응시하고 있다. 보라색 눈 화장이 얼룩진 움푹 꺼진 눈으로 그녀는 내게 말할 것이다. 이렇게... '거기 너 맞니? 홀로 댄서들의 발밑에서, 가련하게 떨고 있는 게 너 맞아? 왜 여기 혼자 있는 거니? 왜 이런 곳에?' 그래 정신이 명료할 때를 조심해야 한다. 이제 난 절망에 빠질 때마다 파국이 아닌 행운을 기다린다. 일상의 작은 기적이 반짝이는 연결고리처럼 내 삶을 다시 이어줄 것을 기대하며...[23]

우리는 살아가면서 경험이 쌓이고, 그만큼 상처도 받습니다. 아무도 상처를 달가워하지 않습니다. 하지만 상처는 창조성(創造性)이라는 창고에 경험으로 저장됩니다. 창조의 창(創) 자는 칼이 들어있는 창고로 해석할 수 있습니다. 저는 이 칼이 살아가면서 생긴 상처라고 생각합니다. 따라서 예술작품의 창조성이란 치명적인 상처에서 고름을 짜내는 치유의 작업이라 여겨집니다. 저의 공연이 삶을 반추하고, 참된 자기 자신과 만

---

[23] 시도니 가브리엘 콜레트(Sidonie Gabrielle Colette, 1873~1954): 프랑스 소설가, 콩쿠르아카데미 최초의 여성 회원, pp. 3-5 참조 / 감독 워시 웨스트모어랜드(Wash Westmoreland, 1966~)의 영화 <Colette>에 삽입된 독백 대사 참조.

나는 창조적인 순간이 되길 소원합니다.

마임이란 무엇일까요?

모든 움직임의 모태(母胎)입니다.
마임은 인간을 창조성, 치유성으로 인도합니다.
신비의 세계를 활짝 열어젖히고 깨닫게 합니다.
마임은 무용, 연극, 인형극 등 공연예술과의 경계를 구분하려
애쓰지 않습니다.
오히려 예술을 왜 하는지에 대한 목적과 방향성에 중점을 둡니다.

마임은
침묵으로
이미지로
자신의 몸짓을 '창조'로
자신의 상처를 보듬는 '치유'로
이 세상에 자신을 표현하는 '존재'로 이끕니다.

그러므로 마임은
배우의 의지와 개성으로 인해,
현실을 아름답게 하는 '신비'입니다.

덧붙임 1, 2

** 덧붙임은 2000년대 초반에 한국마임세미나 등에서 발표한 원고 일부입니다. 한국 마임에 몸담았던 한 배우로서 연기와 마임에 대해서 고민하며 연구한 내용입니다. 현시점에서 많은 부분이 미흡하고 부족합니다. 양해를 구하며 공유합니다.

한국 현대 마임의 형성 배경과
마임 배우에 관한 소고(小考)

1. 한국 현대 마임의 형성 배경

마임은 인류의 표현양식의 시원으로서 인간이 태초부터 표현한 보편적 양식입니다. 따라서 한국의 표현적 움직임의 전통은 마임과 맥을 같이합니다.

한국의 악무에서 쉽게 찾을 수 있는 마임 요소는 삼국시대의 사자춤, 신라의 오기(五伎), 백제인 미마지가 일본에 전한 불교 교훈극의 하나인 기악(伎樂), 고려시대 산대잡극이나 가면극, 조선시대 백희, 탈춤, 솟대장이패, 굿, 발림굿, 강릉관노가면극 등 헤아릴 수 없을 정도입니다. 서구예술은 시와 연극, 음악, 무용, 마임 등으로 분화하여 발전되었지만, 동양은 시와 악무(樂舞)로 통합되어 계승되었기 때문입니다.

조선시대 이후에도 마임은 현대의 솟대장이패라고 할 수 있는 <동춘서커스단>, 30년대의 악극단, 코미디의 원조로 전하는 촌극 「임생원과 신카나리아 콤비의 희극무대」에서도 찾을 수 있습니다. 이상과 같은 한국의 전통적 마임은 해학성과 모방성으로 현재 공연예술과 각 지방의 지역축제로 이어져 내려오고 있습니다.[1]

본격적인 한국 현대 마임은 1969년 극단 <에저또>에서 시작됩니다. <에저또> 대표로 한국 마임 초창기에 그 문을 연 방태수는 '마임 20주년 기념 세미나'가 열렸던 1992년 공간사랑 소극장에서 「한국에서 마임이 시작된 배경과 그 발전과정」을 발표합니다. 그는 여기에서 한국 현대 마임의 시작을 1972년 유진규의 「첫야행」으로 삼았던 한국마임협의회와는 달리, 한국에서 처음으로 마임 운동이 일어난 것은 1969년 5월 판토마임 전문극단을 표방하고 나선 극단 <에저또>가 을지로 2가에 전용 소극장을 개관하면서부터 시작된다고 회상합니다. 당시 극단 <에저또>는 판토마임 전문극단을 표방하고 실험극으로서 판토마임을 소개하며, 소극장 운동의 기수로 첫발을 내디뎠습니다. 방태수는 다음과 같이 말합니다.

> 극단 <에저또>의 공연은 본격적인 판토마임의 공연을 보여주었다기보다는 벽돌 나르기, 밧줄 타기, 바이올린 선율 맞추어 연주하기, 2층 계단 오르다 일어나는 사건 등 몸짓 흉내나 에피소드 등을 간단히 보여주는 것들이었다. 그것은 극단 <에저또>가 판토마임

---

[1] 양미숙, pp. 36-47 참조.

전문극단을 표방하고 나섰지만, 그 당시 우리 연극계에서는 판토마임뿐 아니라 베케트나 이오네스코의 부조리 계열 작품들까지도 실험극이나 전위극으로 인식하였으며 특히 사무실을 개조하여 만든 소극장의 개념까지도 정리되지 않은 찬반의 상태였기 때문에 본격적인 판토마임 공연을 시작부터 이루어낼 수는 없었다. 그러니까 극단 <에저또>가 판토마임 극단을 표방한 것은 실험적인 극단이라는 의미가 더 강조되었으며 무엇보다도 소극장이 필요한 소극장 운동의 제언이었다.

극단 <에저또>는 마임 공연을 전문적으로 하지는 않았습니다. 대사, 언어 위주의 사실주의 연극에 반대하여 부조리극과 서사극에 대한 관심으로 일종의 실험극을 추구한 극단이었습니다. 이후 80년대부터는 사실주의극에 전념합니다. 70년대의 실험적 연극이 사실주의 연극에 모태가 된 것입니다.

"오늘날 우리는 언어 상실 시대에 살고 있다. 그래서 울어야 할 자유를 삭제당하고 있는지도 모른다. 말할 수 없는 상황에서 그래도 우리는 더듬거리고 있다. '에...저...또...'라고..."[2]

이태주는 극단 <에저또>의 탄생과 소극장 운동에 대해 다음과 같은 관심을 표합니다.

---

2 방태수, p. 69.

에저또 소극장은 전위연극의 실험실이 될 것을 다짐한다. 기성 극단에 의한 대극장 공연이 어설픈 리얼리즘 연극의 테두리에서 크게 벗어나고 있지 않은 상황에서 새로운 연극의 가능성을 모색하고 있는 일련의 소극장 운동은 이제 전용 극장을 각기 확보함으로써 밝은 앞날을 내다볼 수 있게 되었다.[3]

그는 판토마임 공연인 개관기념 공연에 이은 미국 전위연극의 기수 진클로드 반 이탤리(Jean-Claude van Itallie)의 뱀 공연에 관해 "연극 조류와 시대변천을 민감하게 포착하여 시대정신의 순수한 반영으로서의 연극의 사명을 자각하면서, 새로운 재능을 발견하고, 육체 동작 중심의 연기, 그로테스크한 가면, 충격적인 의상 등이 효과적으로 사용되고 있으니 놀랍다"라며 극찬합니다. 이어서 "<에저또>의 사명을 기성 연극의 프레임을 어떻게 벗어나서 그 패턴을 철저히 파괴하느냐에 <에저또>의 사명이 있다고 볼 때, <에저또>의 이번 공연은 이 극단의 방향을 명백히 밝혀주었을 뿐 아니라 한 나라의 연극발전에 필요조건인 기성 연극 체제와 전위연극 체제의 확립이 이룩될 수 있는 기대를 하게 했다"라고 평하면서 "<에저또>가 준비 중인 시어터 워크숍을 통해 배우들의 연기가 연마되고, 마임의 가능성이 모색되고, 연구되면 소극장 활동이 본궤도에 오를 것이다"라고 하였습니다.

한상철은 <에저또>의 의의를 "자체의 연극 공연만 하고, 전혀 상업성을 배제하고, 60년대 언더그라운드 운동을 통해 연극과 문화의 새로운

---

3 이태주, p. 298.

인식을 일깨우고, 소극장 연극을 살롱식 연극이 아닌 일종의 예술극장 연극의 성격으로 강조한 점에서 소극장 운동의 정통성을 자부할 만[4]하다고 평합니다.

한국 현대 마임의 형성 배경은 위에서 살펴본 바와 같이, 극단 <에저또>의 소극장 운동에서 시작되었습니다. '완숙한 연극을 위한 기초'로써, '새로운 관객을 개발'하기 위해서, '야심적인 연극인'이 되기 위해서, '예술적인 기교를 추구'하기 위해서, '수많은 도시와 수많은 사람에게 연극을 제공하는 수단'으로써[5] <에저또> 극단이 선택한 것이 바로 마임입니다. 마임과 더불어서 아르또와 그로토프스키의 연극을 추구하며 소극장 운동을 전개해 나갑니다. 이태주는 <에저또>의 뱀 공연에 대해 다음과 같이 평합니다.

아르또, 그로토프스키 등 새로운 연극의 기수들은 한결같이 많은 의문을 제기하는데, 중요한 것은 그 의문이 옳은 것이라는 데 있다. 연극이 혁신되는 전기를 마련해 준 시기는 언제나 많은 의문이 제기되고 그 의문 때문에 연극인이 깊은 고뇌를 되씹을 때였다. 1970년대를 고비로 하여 모든 서구의 실험연극들이 일단 퇴조 현상을 겪거나 재평가익 자기반성에 들어가지만, 그들은 이미 기성

---

4 한상철, 『한국연극의 쟁점과 반성』, pp. 165-166.

5 한상철, 앞의 책, p. 167. 그는 소극장 운동의 목표를 완숙한 연극을 위한 기초, 새로운 관객의 개발, 야심적인 연극인을 키워 예술적인 기교와 완비된 극장을 추구하는 집단으로 육성하는 것, 새로운 극작가의 발굴, 수많은 도시와 수많은 사람에게 연극을 제공하는 수단 등으로 보았다.

연극에 변용을 일으킬 만큼, 그리하여 기성 연극이 한 꺼풀 껍질을 벗을 만큼의 성과를 충분히 올린 후였다. 그들의 끈질긴 실험정신 덕분에 연극은 어제와 같은 오늘의 타성을 벗어버린 것이다. 그러나 한국 연극 70년에 있어서 우리는 어떤 의문을 제기하였는가? 역사적 격동기 속에서 생 자체에 대한 의문을 제기할 때 연극은 어떤 의문을 제기하였던가? 연극의 궁극적 기능과 그 사회적 가치에 대해서 어떤 의문을 제기하였던가? 과연 우리는 표현 형식에 대해서, 연극의 형태에 대해서, 어떤 의문을 제기하였던가? 형식에 대한 탐구는 연극혁신을 위한 시발점이 되어야 한다. 새로운 연극의 기수들은 한결같이 형식의 파괴자요 형식의 확립자였다. (...) 어떤 유파의 어떤 연극이라도 좋으니 한국 연극의 새로운 형식을 탐구하기 위한 끊임없는 의문이 제기되는 실험정신은 높이 평가되어야 한다. (...) 소극장이 그 실험의 공간이 될 수 있다는 확신과 희망을 준다.[6]

한국의 현대 마임은 한국 연극의 새로운 형식을 탐구하기 위한 끊임없는 의문이 제기되는 실험정신에서 태동하였음을 알 수 있습니다. 또한, 한국 현대 마임은 아르또의 몸의 연극에서, 그로코프스키의 가난한 연극에서 출발하였음을 볼 수 있습니다. 그러나 그 당시 소극장과 마임에 대한 인식은 너무도 열악했습니다. 이때 한국 연극계에서 일어났던 에피소드를 방태수는 「한국의 마임운동」에서 아래와 같이 말합니다.[7]

---

6 이태주, pp. 83-84.
7 「마임」, 한국마임협의회 회보 제8호, 1992년 1월.

처음 <에저또> 소극장이 개관되었을 때 별별 수난을 다 겪기도 했다. 요약하자면 사기 친다는 것이다. 이렇게 작은 창고 같은 곳이 어떻게 극장이 될 수 있으며, 이런 곳에서 어떻게 예술을 할 수 있는 것인가 하는 것이다. 관객들뿐 아니라 몇몇 선배 연극인들로부터도 연극을 모욕하는 짓이라고 호통을 받기도 하였다. 지금은 많은 사람이 수많은 소극장에 익숙해 있지만 그 당시에는 당황스러운 사건이었다. 지금에야 비로소 외롭게 물을 수 있다. 아무리 작은 공간이라고 연극을 할 수 없는가?

판토마임이 공연되면서도 격려가 있기도 했지만 많은 힐난이 있기도 했다.

"벙어리들이야? 자슥들..."

"대사도 없는 작품이 연극이야?"

"완전히 속았어. 「판토마」를 공연한다고 해놓고 이게 뭐야. 돈 도로 내!"

이러한 연극계의 몰이해 속에서도 <에저또>는 마임 공연에 전념했다. 방태수가 소개하는 마임 배우와 마임 공연 내용은 다음과 같다.

<에저또>의 마임이스트 단원들은 열정을 다하여 공연하고 연습하고 공부하였다. 첫 공연에 참여한 연기자는 7명이었다. <에저또>에서 6개월간 마임 훈련을 거친 연극단원들이었다. 창립공연의 마임 작품들을 열거해보면, 김종찬의 벽돌 나르기—따분하게 반복되는 일상성의 의미를 시시포스 신화에서 볼 수 있듯이 벽돌 나르기의 반복을 통해 인생을 보여준다. 고호와 장유진의 힘의 결집—현

대의 메커니즘을 희화하여 흩어지는 힘을 하나로 결집해 본 작품. 박장원과 김종찬의 밧줄 등반 — 밧줄로 등반하는 과정을 마임의 앙상블로 보여주는 작품. 최지연, 김종찬, 박장원의 초점 맞추기 — 흩어져있는 초점을 세 사람이 옮기며 짝을 맞추는 작업으로 현대의 인간 상실을 묘사해 본 것이다.

또 각각의 마임들 — 바이올린 조율과 연주라든가, 전화를 걸고 친구를 초대한다든가, 구슬치기 등이 공연되었다. 5월 15일부터 31일까지 매일 1회 밤 7시에 공연 때마다 초대되었는데, 거의 단원들의 주변 사람들이 주를 이루었다. 한국 마임의 태동은 이렇게 시작되었다.

양미숙은 『한국마임발달사』에서 극단 <에저또>의 의의를 두 가지로 보았습니다. 첫째는 국내 최초로 마임 극단으로서의 성격을 지녔다는 점이고, 두 번째는 신체 훈련과 워크숍 등을 통해 초기 마임 배우들을 탄생시켰으며, 이후의 마임 배우들에게 큰 영향을 주었다는 것[8]입니다.

그러나 <에저또>는 한 시대의 유령처럼 나타났다 사라진 극단이었습니다. 자끄 코포의 <뷰 콜롱비에> 극단은 프랑스뿐 아니라 세계의 연극 개혁에 비전과 힘을 끼쳤습니다. 하지만 <에저또>는 연극의 개혁과 비전에 대한 뒷심이 부족했습니다. 비단 연극뿐 아니라 한국의 현대예술에서 공통으로 보이는 안타까움입니다. 그것은 우리의 문화적 저력이 여전히 건실하지 못하고, 예술을 소외시키는 사회적 상황에 기인한다고 할

---

8 양미숙, pp. 67-68.

수 있습니다. <에저또> 이후 결국 마임, 신체 표현의 연기에 관한 연구는 마임 배우 개인의 몫으로 넘어갔고 두서너 명의 마임 배우 역시 80년대에 생업 속으로 스며들어 갑니다.

이후 90년대부터 한국 현대 마임은 한국마임협의회가 발족하면서 활발한 도약을 준비합니다. 그 결과 현재까지 서울, 춘천, 인천, 대구 등에서 다양한 규모의 축제가 성황리에 펼쳐집니다.

이상으로, 살펴본 바와 같이 한국 현대 마임은 한국의 기성 연극 체제를 벗어나서, 전위연극 체제의 확립을 위한 시도로 시작되었습니다. 그리고 한국 연극의 새로운 형식을 탐구하기 위하여 끊임없이 의문을 제기하는 실험정신, 소극장 운동의 하나로 태동하였습니다. 이는 한국 현대 마임의 형성 배경이 연극계에서 지속적으로 모색되는 몸 연극의 앞선 실험으로, 기성 극단의 상업성과 리얼리즘 표현양식에 대한 의문이었으며, 또한 이러한 문제 제기는 아르또의 연극과 그로토프스키의 가난한 연극과 깊이 연관되어 있다고 하겠습니다.

2. 한국 현대 마임 배우들

피터 브룩은 "살아있는 연극이란 무엇인가? 지금 우리에게 그 해답은 없다. … 어떠한 정의도 연극의 핵심을 끌어내지는 못하고 있다. 우리가 물려받은 어떤 정의도 모두 통속적인 것으로 인식되어버렸다. 이제 우리는 영원한 혁명기에 놓여 있고, 이 속에서 우리는 그것을 찾아내고

구축하고자 시도하며 다시 끌어내리고, 또다시 찾아야만 한다"라고 선언합니다.[9]

위 인용문은 한국 현대 마임 배우들의 연극관을 잘 표현한 말이라 할 수 있습니다. 살아있는 공연을 위해 노력하는 배우들, 스스로 그 해답을 찾기 위해 아웃사이더가 된 배우들, 그들이 한국의 마임 배우입니다. 그들은 대부분 연극적인 배경에서 시작했으며, 요즘은 거리공연 예술인들이 많은 관심을 드러냅니다. 이들 모두는 공연예술에서 표현의 한계를 느끼다가 마임을 새롭게 인식합니다.

필자는 그들을 크게 70년대의 초기 마임 배우와 그 이후의 후기 마임 배우로 편의상 구분하였습니다. 후기 마임 배우는 다시 국내에서 자생한 국내파, 프랑스나 영국 등 현대 마임의 종주국이라 할 수 있는 나라에서 유학하고 돌아온 유학파로 분류하였습니다.

초기 마임 배우는 유진규·김성구·김동수 등이며, 넓은 의미의 마임 배우로, 또한 마임 배우들에게 영향을 끼쳤다는 점에서 심우성과 무세중도 포함될 수 있겠습니다.

후기 마임 배우는 국내파로 최규호·박상숙·심철종·조성진·유홍영·이두성·고재경·장성익·양미숙·김봉석·김현철·이경열·최경식·이준혁·김희연·구현후·성경철·김지선·박종태·김태문 등이 있으며, 외국에서 마임을 공부하고 온 해외파로는 밀란 슬라덱 학교를

---

[9] 마가렛 크로이든, p. 9 재인용.

졸업한 이건동, 에티엔 드크루 학교를 졸업한 남긍호·박미선·김용철·
강지수·윤종연·김원범, 그리고 자끄 르콕 학교를 졸업한 임도완·유진
우, 마르셀 마르소 학교를 졸업한 이태건, 폴란드의 스테판에게 수학한
노영아 등이 있습니다.

극단은 유진규네몸짓, 김성구마임극단, 사다리움직임연구소, 호모루
덴스, 마네뜨, 춤추는난쟁이 등이 있으며 그 소속 배우들이 마임 공연을
활발히 하고 있습니다.

또한 대학 동아리로 서울예대의 판토스와 강원대·한림대·송담
대·용인대 등 여러 대학에서 마임 극단과 거리 극단이 성장하고 있습니
다. 고등학교에는 춘천 성수정보고등학교와 안양예고, 속초 상업고등학
교, 청각장애학교 등에 마임 동아리가 있습니다.

초기 마임 배우의 대표적 인물로는 유진규·김성구·김동수입니다.
그들은 극단 <에저또>의 단원이거나 그 극단의 영향을 받고 마임 공연
을 시작하였는데, 자신들의 공연을 판토마임 외에도 침묵극·무언극·육
체표현 등으로 다양하게 명명하였습니다. 그것은 전위연극·실험연극의
한 형태로서 마임 공연을 하였기 때문으로 생각됩니다.

유진규는 1972년도에 극단 <에저또>에서 연극배우로 출발했고, 배
우 수업의 하나로 판토마임을 배우며 마임 공연을 발표했습니다.[10] 그는

10 유진규, 「나의 작업에서 본 한국의 현대마임」, pp. 180-181.
'한국마임 2002 세미나'가 2002년 12월 3일 홍대입구 '떼아뜨르 추'에서 열렸다.
본 세미나에서 발표한 유진규의 내용이 위의 제목으로 실려 있다.

기존의 연극보다 마임에서 표현의 자유로움을 느꼈고, 76년 「유진규 무언극 공연」이라는 작품으로 개인 마임 활동을 시작합니다. 그는 서양의 마임 테크닉으로 환영을 만드는 세계보다는 몸짓과 침묵의 세계에 더 관심을 기울였습니다. 몸짓과 침묵의 실험적 작품으로는 「육체표현」, 「발가벗은 광대」, 「환상 그 뒤」, 「동물원 구경가자」, 「둥둥 떠다니는 사람들」, 「아름다운 사람」 등이 있습니다. 그러나 판토마임에서 벗어나려는 이러한 노력에도 불구하고, 그는 의도적으로 '유진규의 판토마임 공연'을 올리곤 하였는데 이는 대중성을 확보하고, 관객들과 만나기 위함입니다. 이러한 환영의 구체적 마임 작품으로는 「억울한 도둑」, 「나비」, 「벽」, 「홍수로 인한 침수」, 「머리카락」 등입니다.[11] 유진규는 대중성과 실험성을 고민하다가 91년 「밤의 기행」이란 작품을 발표합니다.

> 「밤의 기행」은 한국적인 몸짓과 한국적인 전통을 이어 나갈 수 있는 작품은 '어떤 것이어야 하는가'라는 고민에서 출발한 결과로 나온 작품이라서 저에게 중요한 작품이라고 할 수 있습니다. 이 작품의 주요 소품으로 부채가 나옵니다. 의상도 전통의상을 입고 음악도 전통음악을 배경으로 하고, 촛불이 나옵니다. 그러니까 한국적 이미지 속에서 공연이 이루어지고, 따라서 자연히 몸의 움직임도 서양적인 움직임이 아니고 우리의 몸짓을 하고 표현을 시도한 작품이었죠.[12]

---

[11] 양미숙, pp. 69-74 참조.
[12] 유진규, p. 181.

이후 그는 개인적인 성향의 작품에서 벗어나 "한국에서의 마임은 한국적인 전통 속에서 뿌리를 내리고 자라나야 한다"라는 확신에서 한국적인 몸짓을 연구하기 시작합니다. 이에 대한 고민을 '한국마임 2002 세미나'에서 다음과 같이 토로합니다.

우리가 '한국적 마임이다. 한국적 몸짓이다' 하는 등 이런저런 이야기를 많이 하고, 또 저도 이렇게 저렇게 노력해 왔습니다. 하지만 사실 그게 쉬운 문제가 절대 아니에요. 처음에는 한국의 춤이나 탈춤들에서 한국적 몸짓을 찾고, 한국적 마임의 원형을 찾으려고 노력해 봤지만 찾을 수가 없었어요. 굉장히 어색하고 그러한 것들이 테크닉으로만 보였지, 그것이 '어떻게 한국적인 마임으로 변환될 수 있을까'에 대해 거부감이 들었어요. 굿도 많이 봤는데, 굿을 어떻게 끌어들여야 할 것인가에 대해서는 구체적으로 잡히지 않았어요. 그런데 어느 때 문득, 한국을 상징하는 이미지들을 표현하면 어떨까 하는 생각이 들었죠. 예를 들면, 사물놀이를 가지고 그것이 주는 이미지를 몸으로 드러내면 한국적인 움직임, 한국적 마임의 출발이 되지 않을까 생각했는데, 사물놀이는 굿, 즉 귀신을 맞이하거나 쫓아내는 음악이었는데, 그러한 면들은 다 사라지고 테크닉 일변도의 음악으로 바뀌었습니다. 그렇다면 나는 원형 사물놀이가 가진 정신을 몸짓으로 표현하는 작업을 해보자는 것이었습니다.[13]

---

13 유진규, p. 182.

그는 이러한 '한국적 몸짓'의 시작으로 "깜깜한 연습실에서 사물놀이 음악만 틀어 놓고, 그 음악이 내 몸으로 다가올 때 몸을 움직이며, 무조건 부딪치는" 것으로 찾아 나섰습니다. "우리의 문화나 정신을 상징할 수 있는 그런 어떤 매체들을 가지고, 그것이 주는 이미지를 몸짓으로 표현하면, 그것이 우리의 몸짓이고 '한국의 마임'이 아니겠는가"라면서, "전통적인 상징적인 어떤 것들을 끄집어내서 현대적으로 재창조하는 작업과 늘 보고 갖고 있고 또 늘 표현하는 몸이라는 것을 '어떻게 새롭게 보여줄 수 있는가' 하는 문제"에 관해서 연구하며 고민합니다. 그는 계속해서 한국의 전통적 이미지를 어떻게 몸으로 표현할 수 있는지를 탐구하며 「향」, 「허제비굿」, 「빈손」, 「불립문자」 등의 작품이 이어지고 있습니다. 그의 활동은 한국의 마임 배우들에게 크나큰 영감을 불러일으킵니다.

김성구, 김동수는 극단 <73 그 뒤>를 창단하고 「김성구, 김동수 침묵극」을 발표합니다. 그들은 자신의 공연용 포스터를 마르셀 마르소의 사진으로 디자인했으며, 얼굴에 흰 분장을 하고 공연했습니다. 이렇게 서구의 전통적인 마임 외형을 빌려옴으로써 연극과의 차별성을 두었습니다. 그들의 공연은 실험극과 퍼포먼스[14]의 성격이 다소 강했습니다. 이러한 점이 잘 드러나는 것이 1977년 3월 1일로 창고극장에서 대사 없이 마임으로만 올려진 김성구, 김동수의 「고도를 기다리며」입니다. 제1회

---

[14] 현대에서 퍼포먼스(Performence)는 정의 내리기가 어렵습니다. 그 개념과 구조는 곳곳에서 각양각색으로 나타나기 때문입니다. 그것은 민족적이면서도 문화 상호적이고, 역사적이면서도 비역사적이며, 미학적이면서도 제의적이고, 사회학적이면서도 정치적이기 때문입니다.
빅터 터너, p. 5 참조.

김동수 김성구 침묵극 발표회의 팸플릿 내용은 이러한 실험적이고 퍼포
먼스적인 성격을 더욱 확실히 합니다.

> 육체가 가진 다양한 표현 수단으로서의 요소들을 도리어 삭제, 생
> 략함으로써 오히려 실제 이상의 실제, 그리고 언어 이상의 언어를
> 선언하려 한다. 우리에게 시급한 것은 개념예술로서의 침묵극의
> 개념 정립과 불모의 이 땅에 독립된 장르로서의 침묵극을 개화시
> 키는 터전을 닦는 도화선이 되어 보자는 것이다. (...) 그래서 앞으
> 로 우리들의 '전통적인 몸짓'의 세계성을 확대, 형상화해야 한다는
> 원대한 명제를 조심스럽게 던진다.[15]

초기 마임 배우들은 실험극과 퍼포먼스에서 마임을 독립된 장르로
발전시키며, 연극의 대본에서 벗어나 자유로운 즉흥을 추구해나갔습니
다. 이러한 즉흥은 당시의 서구에서 들어오기 시작한 퍼포먼스와 상호적
으로 작용했고 주요한 표현양식이 되었습니다. 그러나 이러한 퍼포먼스
의 "즉흥적 표현은 종종 육체적 이미지를 볼품없이 수행하는 결과"를 낳
기도 하였습니다.[16] 예를 들면 김성구는 무대에 나와서 줄넘기만 하는 공
연도 있었고,[17] 유진규는 제2회 한국 마임 초대전에서 40여 분 동안 상수
에서 하수까지 걷기만 했습니다.[18] 이러한 공연은 관객과 "비평가들에게

---

[15] <김동수, 김성구 침묵극> 팸플릿, 양미숙, p. 80 재인용.

[16] 크리스토퍼 인네스, p. 290.

[17] 양미숙, p. 78.

[18] 안치운, 「마임 상승하는가 추락하는가」, p. 412. 저자는 위의 글에서 유진규의 마임을 비평
적 관점으로 평합니다.

배우가 아니라 자기 탐닉적이며 기술이 없다고 비난"[19]하게 하였습니다. 그러나 이러한 의도는 "연기의 구현과 반대되는 연기를 하는 것의 상태 … 우연과 자유로운 연극 사이의 어떤 것"으로, 그리고 "객석에서 자신들에 대한 적대감이 나오도록 도발"하며, "반복된 움직임들을 사용함으로써 평범한 느낌이 강렬한 감정 상태로 고양될 수 있도록"[20] 하는 시도였다고 해석할 수 있습니다. 이러한 시도는 "삶과 현실의 경계를 없애고 보다 적극적인 현실적 발언을 시도하는 과정에서 연기자들을 자연인 그 자체로 존재"하도록 했습니다.[21] 이것은 극중인물이 아닌 연기자로서의 현존에 관한 실험이었습니다. 초기 마임 배우들은 이렇게 '연기자 자신으로서의 자아'[22]를 무대에 내던지며 앞서 나갔고, 좌절의 선혈을 흘리며 배우연극을 실험했습니다. 또한 전통적인 몸짓에 관한 연구를 추구함으로써 후기 마임 배우에게 귀감이 되고 있습니다.

후기 마임 배우로는 국내파와 유학파로 구분됩니다. 이는 편의상 구별일 뿐 경계는 무의미하며, 서로에게 영향을 주고받고 있습니다.

국내파는 자국 내에서 극단이나 서적, 공연의 영향을 받고, 워크숍을 통해서 자생적인 움직임으로 배출되었습니다. 서구의 체계적인 시스템에서 마임의 형태를 탐구한 유학파는 다양한 공연을 선보이며 활동하고 있습니다. 마임은 큰 범주로 마임의 언어에서 살펴보았듯이 에티엔 드크루

---

[19] 크리스토퍼 인네스, p. 290.
[20] 크리스터포 인네스, p. 291.
[21] 김방옥, 「몸의 연기론 (II)」, p. 288.
[22] 김방옥, 앞의 논문, p. 288. 김방옥은 앞의 논문 중 '국내에서의 현존적 연기'에서 아쉽게도 한국 마임을 간과합니다.

의 코포럴마임, 마르셀 마르소의 스타일 마임, 자끄 르콕의 총체적 마임, 스테판 니잘코프스키의 발레 마임으로 구분되는데 90년대부터 이 학교들에서 유학하고 돌아와 다양한 작품 활동을 전개하고 있습니다. 밀란 슬라덱의 이건동과, 에티엔 드크루의 '코포럴마임연극학교(Ecole de Mime Corporel Dramatique)' 박미선・남긍호・김용철・김원범・윤종연・김원범 등이 있고, 자끄 르콕의 '국제연극학교(Ecole de Internationalen de Theatre Jacques Lecoq)' 임도완・유진우가 있습니다. 마르셀 마르소의 남긍호・이태건 등이 있으며, 스테판 니잘코프스키의 노영아가 각기 학교에서 완벽한 연기 양식을 직접 체득하고 국내에 본격적으로 소개하며, 자신들의 작품에 주요 스타일로 활용하고 있습니다.

후기 마임 배우들의 대다수는 연극 활동을 하다가 마임을 만났습니다. 이건동・임도완・유진우는 서울예대에서, 남긍호는 경성대학교에서 연극을 전공한 배우들이고, 김용철은 대학극 출신이며 대학로에서 연극 활동을 하였습니다. 박미선은 동덕여자대학교에서 무용을 전공하고 대학로에서 뮤지컬 연구단원을 하다가 유학했습니다. 이태건은 파리 국제연극학교에서 공부하던 중 마르소의 마임을 접하고는 전공을 마임으로 전향했으며, 김원범・윤종연은 국내에서 연극 및 마임 활동을 하다가 유학하였습니다. 이들에 의해서 한국 마임은 서구 마임 수용사에서, 현대 마임의 다양한 서구적 전통이 본격적으로 한국에 전달되었고 시연이 가능해지는 전기를 맞게 되었습니다.[23] 이는 한국 마임 수용사로

---

23 조성진, 「드크루 귀신을 불러내는 말굿―2002 한국마임세미나에 붙임―」, 『예술세계』 2003년 1월호. 그는 한국마임협의회 부회장으로, 이날 세미나에서 사회를 보았고, 그 의의를 위 책에 기고했다.

국한하는 것이 아니라, 마임의 경계에서 살펴보았듯 한국의 연극사에 통합되어야 할 것입니다. 이들 모든 마임 학교는 궁극적으로 몸 연극을 추구하기 때문입니다. 그들의 공연은 각각의 다양한 학교 스타일과 잘 훈련된 테크닉, 그리고 양식화된 마임(연기)로 자유롭고 확장된 배우의 몸을 보여줍니다. 물론 이들은 서구의 학습된 마임 전통을 자신의 것으로 만드는 과정에서 한국의 문화와 정서를 읽고 그것을 실천에 옮기는 변형, 번역, 탈 서구화 또는 토착화하는 사명을 안고 있습니다.[24] 그중에서 이건동, 임도완, 남궁호, 윤종연 등은 연극과 마임의 경계를 허물고 신체 중심의 다양한 언어를 지속적으로 실험하며 공연 활동을 하고 있습니다. 이건동은 국내에서는 처음으로 밀란 슬라덱이 가르치는 홀크방 국립예술대학 연극과(판토마임)를 졸업했고 독일 보훔대학교 연극영화 TV과 박사과정을 수료하고 돌아와 서울예대와 서원대 등에서 연극과 마임을 가르쳤으며, 한얼연극영화예술원을 설립해서 후배 양성에 주력하고 있습니다. 그의 대표작품은 「거지의 죽음」, 「돈」, 「나」, 「신이 부르는 소리」 등이 있습니다. 그의 작품은 밀란 슬라덱의 판토마임 테크닉을 오히려 배제하고, 연극적 상황을 몸짓으로 구성하는 실험적 성격이 짙습니다.

임도완은 프랑스 '자끄 르콕 국제연극학교'에서 움직임에 관한 연구를 하고 돌아와 밴드 마임, 이미지 마임, 오브제 마임 등 다양한 마임을 선보였습니다.

---

24 조성진, 앞의 책, p. 142.

난 의심하여 본다. 우린 움직임이란 결박 속에 꼼짝 못 하는 것은 아닌가? 움직임은 동사를 늘 수반한다. 그런 움직임을 우린 문학 속에 혹은 관념 속에 결박하는 것은 아닌지 다시 질문하여 본다. 우린 무대를, 메꾸는 것이 아니라 무대를 비우는 것이어야 한다. 우린 무대를, 외롭게 내버려 두는 것이 아니라 성스럽게 잡아 매 어두어야만 한다. 우린 무대를, 유치한 것으로 전락시키는 것이 아니라, 품위 있는 곳으로 만들어 나가야 한다.[25]

위의 말과 같이 그는 공연 배우들의 움직임에 관한 실험공연을 발표하고 있습니다. 대표작으로는 「두문사이」, 「인·동·시」, 「재채기」 등이 있습니다. 현재 서울예대에서 연극과 교수로 재직하며 학생들을 양성하고 있습니다.

남궁호는 프랑스 '마르셀 마르소 국제마임학교'를 졸업하고, '에티엔 드크루의 코포럴마임연극학교'와 파리 제8대학 연극과 실기 석사를 졸업했습니다. 연극과 무용의 다수 작품에서 신체 움직임과 안무를 가르치며, 한국예술종합학교 연극원에서 배우의 움직임으로 학생들을 지도하고 있습니다. 그는 프랑스 유학을 하면서 마임을 전공하였는데, 연극 학교에서 마임 수업을 하듯 마임 학교에서는 연극 수업을 하였기 때문에 마임을 통해서 연극을 더 잘 이해할 수 있게 되었다고 합니다. 그는 한국에서 연극을 할 때 사투리에 대한 열등감이 있었는데, 불어로 안톤 체호프의 「청혼」과 「담배」라는 작품을 대사 있는 마임으로 공연할 때 무척

25 「한국마임 '99」 팸플릿.

자유로움을 느꼈다는 말을 듣고, 드크루 학교에서 연극과 마임은 구분이 되는가 하는 필자의 질문에 그는 "드크루는 자신의 연구를 코포럴마임이라는 용어로 사용했는데, 마임이라는 말은 잘 쓰지 않았고, 연극과 마임의 구분은 하지 않으며, 항상 배우에 관해 말한다'라고 응답합니다. 그는 마임에 대해서 다음과 같이 말합니다.

마임은 시적이어야 한다. 마임 속의 캐릭터 또한 그것을 어떻게 표현하든 간에 시적인 것이 우선이다.[26]

그의 작품은 연극의 희곡에서 소재를 선택하고 그것을 시적 표현으로 재구성하는 작품이 많으며, 난해한 추상성보다는 관객과 함께 즐기는 공연에 역점을 둡니다. 대표작으로는 「키스」, 「개구리들의 댄스파티」, 「레고인간」, 「프랑켄슈타인」 등이 있고, 베케트의 「고도를 기다리며」를 소재로 한 「4-59」라는 작품을 장성익, 이준혁 등과 함께 공연하였고, 국내외적으로 큰 반향을 일으켰습니다.

윤종연은 '유진규네몸짓'과 '이슬길'에서 마임과 연극 활동을 한 후, 드크루 학교를 졸업하고, 공연 활동을 하다가 귀국 후, 극장과 국내외 거리예술축제 등에서 몸과 오브제를 통한 다양한 작품을 연출하며 큰 주목을 받았습니다. 현재는 거리예술축제에서 예술감독으로 활동하며 국내외에서 거리극을 연출하고 있습니다. 이외에도 많은 후기 한국 마임 배우는 마임과 움직임의 연구를 통해 몸의 연극을 향하여 나아가고 있으며,

---

26 「레고 인간」 팸플릿.

몸의 연기를 탐색하며 활발한 활동을 하고 있습니다.

국내파는 한국의 초기 마임 배우들과 심우성·무세중, 그리고 서구의 아방가르드 연극인들에게서 큰 영향을 받으며, 실험적이고 한국적인 움직임을 찾기 위해 노력하고 있습니다.

퍼포머(Performer)인 무세중은 자신의 공연을 '짓' '사위' '굿' 등의 용어로 사용하며 통일에 관한 일련의 퍼포먼스 공연을 지속적으로 선보이고 있습니다. 그의 공연에 일부 영향을 받은 심철종은 퍼포머로 국내외에서 큰 울림을 주었습니다.

강지수는 무세중의 한국적인 퍼포먼스에서 좀 더 몸적인 탐구를 하며, 일련의 작품을 발표하다가 해외 유학 후 본격적인 굿의 형태를 연구하며 작품 활동을 하고 있습니다. 김봉석 및 일부 집단 마임 공연들도 퍼포먼스의 성격이 뚜렷하게 나타나는 작품으로 관객과 만나고 있습니다.

조성진은 퍼포먼스 성격과 한국적인 움직임의 모색으로 굿과의 결합을 시도하는 작품을 발표하고 있습니다. 「천지인」, 「호접몽」, 「비애가」, 「잡화군생」 등에서 한국적인 소재를 발굴하고, "서양 마임과 한국의 춤사위에서 몸짓을 찾아내어 내적 완결보다는 몸짓 표현의 개방성에 주력하는"[27] 공연을 표명합니다.

유홍영은 연극을 공부하는데 마임이라는 단어가 계속 나와서 마임을 연구하다가 마임을 하게 되었다고 말합니다. 마임에 대한 이러한 접근은 국내파의 거의 모든 마임 배우의 공통점이기도 합니다. 그는 극단 <사다

---

[27] 「한국마임 '99」 팸플릿.

리>에서 연출과 배우로서 연극 활동을 하며, <마임그룹 사다리>에서 솔로와 그룹으로 마임 작품을 올리며 국내 아동극의 한 전형을 이끌었습니다. 그는 한국적인 마임에 대해 다음과 같은 고민을 토로한 바 있습니다.

'고전이 곧 한국적인 움직임이고, 현대적인 것은 한국적이 아니다'
라는 개념에 대해서는 반대한다. 우리가 놓인 환경과 관점 안에는
독특한 표현이 있고, 그 안의 전통과 개인의 속성, 또한 사회를 보
는 안목이나 세계를 보는 안목이 더해져 움직임으로 나오게 되면
그 자체가 한국적이라고 생각한다.[28]

유홍영은 봉산탈춤 보존회 회원으로 '노장'과 '신발장수'에 뛰어난 기량을 보유하고 있으며, 마임 테크닉 역시 자유롭게 구사합니다. 그는 이러한 전통의 몸짓과 서구 마임의 테크닉뿐만 아니라, 가면과 오브제의 사용을 탐색하며, 다양한 시도를 통한 작품 활동을 하고 있습니다. 한국적인 마임을 찾아 나서는 길은 전통의 몸짓만이 아니라, 오늘을 살아가는 한국 마임 배우의 몸부림 그 자체가 아닐지 생각합니다. 그의 대표작으로는 「노장춤마당」, 「비」, 「문둥이」, 「수선화」, 「빛깔 있는 꿈」 등이 있습니다.

심우성[29]과 유진규의 영향을 받은 필자는 연극의 서사적인 표현에서 좀 더 상징적이고 이상적인 시적 표현을 추구합니다. 그 몸부림 과정에

---

28 『예술기획』(연극전자신문), 1997년 12월 11일 자, p. 3.

29 심우성은 민속학자이며, 1인극 배우, 서낭단 대표, 아시아 1인극제 회장, 그리고 공주 민속극 박물관장이다. 그는 매년 공주 민속극 박물관에서 공주 아시아 1인극제를 개최하고 있으며 올해로 8회를 맞는다. 그는 자신의 1인극을 '굿'이라고 소개한다.

서 「새 · 새 · 새」를 창작했고, 그 작품이 시간을 거치면서 마임 작품으로 활동하고 있습니다. 실험적인 연극의 연장선상이었던 본인의 마임 작품은 그래서 테크닉이 소박합니다. 마임의 테크닉을 익히기 위한 정식적인 수업 과정을 거치지 않았기 때문에 마임에 자괴감을 느낄 때가 많습니다. 이때 드크루의 철학이 큰 힘이 됩니다. 그는 19세기까지 이어졌던 전통적인 마임과는 전혀 다른 새로운 형태의 마임을 창조하였으며, "나는 나 자신에 머물러 있는 것을 원치 않는다. 나는 내가 되고자 하는 무언가가 되기를 원한다. (...) 프로메테우스적 예술은(마임은) 그 안에서 인간이 무언가를 행하는 예술이다"라고 선언합니다.[30] 마임은 이전의 움직임과는 다른 새롭게 출발하는 움직임으로써 20세기를 열었습니다. 이러한 드크루의 철학을 통해 마임에 대한 인식은 판토마임 식의 구체적 환영의 테크닉을 하는 대중적인 의미에서 벗어나, 무엇인가 노력하는 몸부림으로 확장되었다고 생각합니다. 결국 저에게 있어서 마임은 어떤 말 없는 양식으로서의 형상화가 아니라, 몸짓과 인형과 오브제와 대사를 사용하여 무대에서 현존하기 위해 정성을 기울이는 열린 양식을 추구한다고 하겠습니다. 대표작으로는 「새 · 새 · 새」, 「아버지와 나」, 「휴지」, 「허수아비」, 「아름다움과 함께 걷기를」 등이 있습니다.

인간의 몸이 있는 한 마임이 있습니다. 마임의 요소는 어느 분야, 어느 예술이건 존재하지 않을 수 없습니다. 그러나 마임이라는 언어가 대중에게는 판토마임이라는 환영의 창조에 더 익숙해져 있습니다. 현대의

---

[30] Phillip B. Zarrilli, *Acting (Re)Considered*, pp. 108-109.

모든 공연예술이 장르 개념에서 벗어나는 현 상황에서, 한국 마임 배우들은 마임이라는 용어를 보다 넓은 개념으로 사용하고자 자신의 공연을 다양하게 명명합니다.

한국의 초기 마임 배우들부터 살펴보면 그들은 판토마임, 마임이라는 용어를 사용하는 데 강하게 반발합니다. 많은 관객이 판토마임과 마임을 마르셀 마르소 식의 마임으로 알기 때문입니다. 이는 오늘날까지 이어지는 현상이기도 합니다.

초기 마임 배우인 유진규 · 김성구 · 김동수는 판토마임 외에도 침묵극 · 묵극 · 무언극으로 공연을 올렸으며, 자신의 이름을 따서 '유진규 공연', '김성구 공연'으로도 작품을 명명했습니다. 후기 마임 배우인 조성진, 강지수는 '몸짓굿'으로 공연하며, 유학파인 임도완은 '이미지 마임', '밴드 마임', '오브제 마임' 등으로, 남궁호는 '코퍼널마임', '마임 극', '마임 퍼포먼스'로 공연하였습니다.

필자 또한 마임이라는 장르적 표현에서 확장하고자, '몸짓극'으로 작품을 올립니다. 몸 연극을 추구하는 의미에서 '극'을 사용하였고, '짓'은 신체 표현 연구를 의미합니다. '몸'은 정신과 육체를 함께 담는 한글입니다. 즉, 연극과 춤과 인형, 마임 등의 공연예술이 융합된 의미로 '몸짓극'을 사용하고 있습니다.

이렇게 자신의 공연을 마임이라는 이름으로 일원화하지 않는 이유는 마임이라는 용어가 마르소 식의 공연으로 거의 모든 관객에게 일반화되어 있기 때문이며, 또한 서구의 연극 개념이 동양의 연희를 재단할 수 없었듯이 각자 개인의 공연이 마임이라는 서양 용어에 제한되는 것에 대해서 답답함을 느꼈기 때문이기도 합니다.

이상으로 한국의 몇몇 마임 배우와 그들의 배경 및 활동 상황을 통해서, 마임은 단순히 말 없는 제스처의 몸짓이 아닌 확장된 '몸의 연기'임을 살펴보았습니다. 한국의 현대 마임 배우들은 주체적인 공연예술인으로 활동하며, 자신의 예술세계를 폭넓고 다양하게 구축해 나가고 있습니다.

　그러나 한국 현대 마임이 과연 자신의 예술을 "극단까지 밀어붙인 예술정신이 있었는가?"[31] "세상과 인간을 바라보는 신선한 눈과 때 묻지 않은 지성에 얼마나 왕성한 의지를 보여왔는가?"[32] "표현형식에 대해서 어떤 의문을 제시했는가?"[33]라는 물음에 대해서 확고하게 제시해오지 못했습니다. 철학과 미학이 뒷받침되지 못한 껍데기의 예술에서 헤매고 있거나, 예술적인 기교에서도 다양성과 실험성만을 내세우고 완숙한 단계에 이르지 못한 작품도 여전히 존재합니다. 한국 현대 마임은 때때로 수상하게 비치며, "몸으로부터 멀어지고, 멀어진다는 것을 정당화하며, 초라한 마임을 신비화하고, 침묵하기 위하여 몸을 포기한 마임이 관객을 고문하고 있다"[34]라는 평에 겸허히 고개를 숙입니다.

　그럼에도 불구하고 한국 현대 마임은 한국의 공연예술이 세계로 나아가는 데 바탕이 될 몸 연극의 씨앗으로 존재하고자 몸부림치고 있습니다. 마임은 몸과 함께 태어나 살다가 흙으로 돌아가 마침내 거름이 되기 때문입니다.

---

[31] 김방옥, 『열린 연극의 미학』, p. 439.

[32] 한상철, 『한국연극의 쟁점과 반성』, p. 105.

[33] 이태주, p. 84.

[34] 안치운, 『연극 반연극 비연극』, pp. 200-201.

마임을 통해서 바라본 배우의 본성 확장
양식화 연기에 관한 소론*

1. 한국에서의 양식화 연기에 대한 인식

배우를 꿈꾸는 사람이 많습니다. 대학입시에서도 연기과는 매우 경쟁률이 높습니다. 왜 배우를 하려고 하는지 질문하면 가지각색의 대답이 나옵니다. 그 수많은 대답을 아우르는 것은 '억압으로부터 해방되기

---

* 2000년 초반에 작성한 소논문입니다. 20여 년이 지난 지금, 많은 상황이 바뀌었지만, 양식화 연기에 대한 고민과 연구를 이어가고자 합니다.
저는 배우의 연기를 중심으로 창조의 원천으로써 양식화된 연기를 연구하며 학생들과 만나고 있습니다. 특히 마임은 양식화된 연기를 추구하는 예술 장르로, 경계를 넘나들며 융합되는 특성이 있습니다. 이러한 마임을 바탕으로 창의적인 작품, 창의적인 연기에 닿는 힘으로서 양식의 용어를 더듬곤 합니다. 서양의 연극 선구자들이 주목한 동양의 양식화에 관한 이론을 호흡을 통해서 공부하며, 양식화의 진정한 의미는 훈련의 기초가 되는 자기 계발로써 본성의 확장이고, 자유에 대한 추구임을 살펴보고자 합니다. 마임을 공연하며 체험하고 연구한 반리얼리즘 양식적 연기에 대한 소논문을 공유합니다.

위해서' 즉, '자신을 자유롭게' 하기 위한 것으로 집약됩니다. 이는 연극 뿐만이 아니라 모든 예술의 속성이기도 합니다. 예술인들은 사춘기를 거치면서 '자신의 본성'을 찾기 위한 예술 분야에서 '자신을 자유롭게' 표현하려고 노력합니다. 그러나 근대 이후 엘리트 교육으로 치달은 음악·무용·미술은 일반인에게 보이지 않는 장벽으로 군림하기 시작했고, 사춘기 이후 예술을 자각한 사람들은 자본이 들지 않는 문학이나 연극·사진·대중음악 등에 쉽게 매료됩니다. 그중에서도 많은 이들이 자신과 너무나 비슷한 일상을 연기하는 배우를 보며 부푼 꿈을 품고 연기예술에 입문합니다. 현실을 그대로 반영하고 보여주는 TV와 영화가 대중문화의 주도적인 영향력을 행사하므로, 그들은 바로 자신의 현실과 일상을 모방하는 사실주의 연기 스타일을 연기예술의 모든 것으로 이해합니다.

연기학원이나 학교 역시 연기 교육은 리얼리즘 연기를 가장 근본적으로 가르칩니다. 사실주의는 19세기 이후 나타난 문예사조이고, 그 이전에는 숱한 연기 스타일이 있었으며, 탈 사실주의적인 현대의 주요한 아방가르드 연극의 흐름은 소외되곤 합니다.

우리나라 역시 근대연극은 서구 연극의 사실주의 극을 받아들이면서 시작되었습니다. 사실주의 연극은 서구의 연극 선구자들에게 개혁의 일부였지만, 당시 한국의 근대사는 사회의 계몽에 몰두했고, 전통 연희는 부정되면서 배우의 몸보다는 서구 사실주의 희곡을 보급하며, 대사 중심의 연극에 더 집중합니다. 김효는 다음과 같이 서술합니다.

우리나라의 경우, 연극의 근대성 혹은 현대성을 논할 때 그 잣대로서 등장하는 것은 언제나 서구의 리얼리즘 연극이다. 이러한 태도는 개항 이후 서구 문화를 근대화의 모델로 삼으면서 근대화와 서구화를 동일시하는 우리나라 근대사의 시대적 분위기에서 비롯된 것으로서 당대에 서구의 지배적인 연극 양식이 리얼리즘 연극이었던 것과 관련되어 있다.[1]

이처럼 한국 근대연극은 사실주의 연극이 정통연극으로 자리 잡게 되었고, 배우의 움직임과 몸에 관한 연구는 상대적으로 미약했습니다. 현재의 연기예술에 대한 인식은 이러한 근대적 배경에 의해 자신 주변의 현실과 일상을 그대로 모방하는 사실주의 연기 양식으로 굳어졌습니다. 이 연기 시스템의 기초는 20세기 초 과학적인 방법으로 배우를 연구한 스타니슬랍스키가 제시한 연기 방법론입니다. 이 시스템은 그 후 미국에서 메소드 연기술의 모태가 되었고, 그 후 체계화를 거쳐 미국의 저명한 배우들을 양성했습니다. 이 메소드는 한국 배우들에게도 큰 영향을 미치고 있습니다.

메소드의 대표주자 중 한 사람인 리 스트라스버그(Lee Strasberg) 연기술은 본능적인 감성의 분출을 요구합니다. 그는 "연기하는 인간은 살아있는 인간이다"라고 말하며, 자신을 진실과 감정으로써 공개적으로 사용하는 것을 주장합니다.[2] 특히 표현의 해방을 위해 '이완, 집중력'의

---

[1] 김효, 「한국 연극사 기술에 관한 메타비평」, p. 1.
[2] Alison Hodge, p. 132.

과정을 통하고, 이때 "감정이 차단되지 않도록 목을 열고 소리가 가슴 깊은 곳에서 나오게 하도록" 턱의 이완을 중요시합니다.[3]

또한, 집중력을 계발하는 데 있어서, 감각기억 연습을 강조합니다. 감각기억은 심리적인 동기를 찾아내어, 촉각·미각·후각·청각·시각 등의 감각을 자극해서 '배우의 내적 기술 훈련'을 지도합니다. 리 스트라스버그에게 연기의 근본 요소는 정서의 회상입니다. 그는 "정서적 기억의 사용에 능숙한 배우는 현재에 더 살아있기 시작한다"[4]라고 말합니다. 즉 리 스트라스버그의 연기 메소드 목적은 무대 위에서 감정을 해방하는 것입니다. 정서적 기억은 드니 디드로(Denis Diderot)처럼 감정적 강도를 반복하고 고갈되지 않기에 관심을 두었으며 상상의 자극에 반응하는 방법입니다.

그 결과 내면으로 스며드는 연기 양식이 발전했습니다. 메소드는 주어진 상황을 연기자의 자서전으로, 등장인물의 심리를 배우의 개성으로 바꿔버리는 경향이 나타났습니다. 배우는 대본의 의미를 드러내기 위해 자기가 가진 요소들을 재구성하기보다는 대본을 자기 경험의 범위 안으로 끌어들이려 합니다. 이에 대해 리처드 혼비(Richard Hornby)는 "메소드 배우들은 빠르고 격렬한 들고나기와 행동의 흐름이 있는 작품 뒤에서 꾸물거리려 한다"라고 비판합니다. 메소드 배우들은 결과적으로 자신의 느낌을 불러내어 밀어내는 감상주의를 연기한다고 비난받곤 합니다. 리 스트라스버그는 종종 과장된 감정의 표시로 '긴장'을 들었고, 그의 이완 훈련은 과장된 감정과의 싸움입니다.[5]

---

3 Alison Hodge, p. 134.

4 Alison Hodge, p. 137.

그는 정서적 기억에 의존하는 연기 방법을 탐색한 나머지 상대적으로 외면 연기를 경시하는 우를 범하였습니다. 이를 단적으로 드러낸 에피소드로, 리 스트라스버그는 에티엔 드크루가 미국의 여러 대학에서 연기특강 하는 것을 이해하지 못했습니다. 어떻게 마임 하는 사람이 연기를 가르칠 수 있냐고 하면서 드크루의 연기를 의문시했습니다.

그러나 드크루 역시 이성의 의지로 신체를 통제하고자 연구한 연극인이었습니다. 두 사람의 연기 방법은 감정의 우위와 신체의 우위라는 반대의 현상으로 리얼리즘 연기와 양식적 연기로 나타났지만, 이원론적 흐름으로 연기를 해석했다는 공통점이 있습니다. 드크루는 이성은 자유롭고 제약이 없으므로, 신체를 도구처럼 사용하여 반항적이고 고통받는 인간 이미지를 근육의 긴장된 움직임으로 표현하였던 것입니다.[6]

메소드는 배우들에게 카리스마를 극대화하는 데 많은 도움을 주었습니다. 그러나 카리스마를 극대화하는 데 성공한 배우라 할지라도 메소드에만 지나치게 의존할 경우, 자의적인 연기의 함정에 빠질 우려가 적지 않았습니다. 양식 연기의 주요한 의미 중 한 가지는 배우에게 연기를 환기하는 힘을 제공하는 데 있습니다. 배우는 자신의 감정을 환기함으로써 이러한 곤경에서 벗어날 수 있기 때문입니다. 환기는 드크루의 코포럴마임에서 중요한 핵심 단어이며, 배우는 환기를 통해서, 즉 드크루의 코포럴마임을 통해서 큰 힘을 얻을 수 있습니다. 또한 어느 한 가지의 방법이 절대적일 수 없는 것과 같이 반대의 경우도 역시 성립합니다. 드크루의 배우에게는 적절한 정서적 심리가 외형적 표현을 더욱 견고하게 채

---

5 Alison Hodge, pp. 137-138.
6 김방옥, 「몸의 연기론 (I)」, pp. 12-13 참조.

우는 힘으로 작용할 수 있기 때문입니다. 이처럼 어느 한 방법만이 우월할 수는 없습니다. 리얼리즘만의 연기 방식이 가장 우월한 것은 아닙니다. 마찬가지로 반 리얼리즘적인 양식적 연기가 최고의 가치로 존재할 수도 없습니다. 다만 차이가 존재할 뿐입니다.

사실주의 연기가 배우에게 미친 영향 중 성(Gender)역할에 주목한 김수기는 다음과 같이 서술합니다.

> 사실주의극은 성(gender)역할에 대한 현실을 그대로 반영하고 현실의 인물을 그대로 보여주려 하기 때문에 배우들은 자신의 성향보다는 사회적, 문화적으로 규정된 여성성과 남성성의 행위들을 더욱더 반복 연습해야 한다. 그러므로 연기를 통해서 남성으로서 여성은 여성으로서 다시 한번 만들어지기도 하고, 배우 자신은 그렇게 만들어지기 위해서 더욱 노력하게 된다.[7]

거기에다가 사실주의는 서구 중심적이고 "남성 중심적인 사회를 거울처럼 반영하는 데 급급했고"[8] 배우는 "자신의 폭을 넓히고 자유로워지기보다는 지배적인 성역할 이데올로기에 부합"[9]하거나 억압되고 맙니다. 역설적으로 많은 배우가 '자신의 본성을 찾기 위해서', 즉, '자유로운 표현을 하기 위해서' 시작한 연기예술에서, 지나치게 인물과의 심리적 동

---

[7] 김수기, 「연기와 성 역할」, p. 58.
[8] 김수기, 앞의 글, p. 61.
[9] 김수기, 앞의 글, p. 57.

일시를 요구하는 미국식 메소드의 영향으로 오히려 억압당하고, 건강을 해치는 경우가 비일비재합니다.

이러한 연기술의 모체인 리얼리즘이란 과연 무엇인지를 물으며 김효는 리얼리즘의 핵심 논의는 "무엇이 실재인가? 라는 문제 제기로부터 발원"한다고 봅니다. 이어서 다음과 같이 리얼리즘을 재정의합니다.

> 현실에 대한 객관적인 관찰과 묘사를 기본 원리로 하는 예술론은 아리스토텔레스로부터 줄기차게 이어져 내려오는 서구의 전통 미학 그 자체일 뿐 새삼스러운 것은 아니다. 다만, 인간의 오관으로 파악할 수 없는 것은 이해하고 설명할 필요가 없다고 간주하는 실증주의에 토대한 미학은 서구 예술을 관통해온 리얼리즘적인 태도가 과학적 낙관론에 힘입어 도달할 수 있었던 자기 확신의 최정점일 뿐이다. 새로운 사조의 등장이란 그 문화 전통의 총화에 하나의 새로운 변수를 첨가하는 것이지 그들 전통과의 완전한 단절이 아니거니와 사실주의야말로 더욱이 그렇다. 때문에 리얼리즘은 시대를 불문하고 모든 재현예술(art representatif)을 가리키는 것으로 재정의된다.[10]

어떤 시대나 국가, 운동 또는 작가에 속하는 형식에 맞는 양식적 연기도 바로 아리스토텔레스의 '재현을 기본으로 한 연기가 바탕'입니다. 이와 같은 이유에서, 즉 20세기 리얼리즘 연기가 모든 양식의 기본이 되는 연기를 제공하는 것이 아니라, 아리스토텔레스의 재현의 의미인 리얼

---

10 김효, 「한국 연극사 기술에 관한 메타비평」, p. 4.

리즘, 재정의되어 전 역사로 확장된 리얼리즘 연기가 연기의 기본이 되는 것입니다. 리얼리즘은 시대를 불문하고 모든 재현을 가리키는 것으로 재정의되기 때문입니다. 이것이 연기에 기본이 된다는 리얼리즘 연기에 적용되어야 합니다. 양식적 연기를 하면서 리얼리즘 연기를 무시하거나, 리얼리즘 연기를 하면서 양식적 연기를 혐오하는 것은 둘 다 잘못된 인식의 결과라 하겠습니다.

리얼리즘을 포함한 모든 양식은 앞으로도 무궁무진하게 진행되고 발전할 것이며, 그 양식마다 절대적인 미를 추구할 것이지만, 미의 완성이 이데아로서 존재치 않을지도 모릅니다. 인간 정신은 모든 양식의 창조자이자 파괴자이기 때문입니다.

다음으로 한국 연극계에서 리얼리즘과 반 리얼리즘 양식의 연기가 어떻게 인식되는지 살펴보겠습니다. 2000년 초반에 『연극평론』의 권두 좌담, 「우리의 연기, 어디까지 왔나」를 주제로 한 토의 내용은 이러한 인식을 잘 대변합니다. 이 대담에서 "연기에 대한 양식은 존재하는가?"[11]라는 질문에 여러 답변이 혼재해있습니다. 토론자 중에 한 답변자인 박용수는 양식의 연극에 거부감을 표명하며 "배우라면 기본이 한 가지는 돼 있어야 하는데 그 한 가지도 제대로 안 되어 있는 사람이 많다." 배우는 "소설책을 읽듯" "쉬운 호흡으로" "호흡을 조절하면서" "어떤 대본이 와도 주어진 역할과의 만남이 이루어져야 한다"라고 말합니다.[12]

---

[11] 김방옥 외, pp. 15-26.
[12] 김방옥 외, p. 18.

이러한 발화는 우리 연극계에서 널리 보편화된 사고입니다. 그러나 이렇게 보편화된 인식은 양식을 거부하나, 리얼리즘도 여러 양식 중 하나이며, 리얼리즘 연기의 기본 방법 역시 호흡을 중시하는 여러 연기 양식 중 한 가지인 것을 간과하는 것입니다. 많은 연극인이 리얼리즘 연기와 양식적 연기를 분류하며 양식적 연기에 대해 혐오하는 까닭은, '실험극과 이런 것들을 많이 하는 집단'의 배우들이 '굉장히 다이내믹하기는 한데 전혀 살아있는 인물이 없'기 때문입니다.[13] 이 또한 많은 연극인이 실험과 양식을 혼동하는 현상을 대변합니다.

양식은 가장 독특한, 특정적인 성질을 관객과 공감한 결과로써 수많은 실험을 통해 완성됐습니다. 그러나 이러한 오해를 주는 현대의 많은 실험극이 단지 양식만을 실험하는 데 급급해 온 것도 한 원인이라 할 수 있습니다. 양식을 실험한다는 것은 양식으로 가기 위한 여러 가지 실험 중 하나를 제시하는 것입니다. 그것이 실패할 경우, 이러한 연극의 시도는 양식만을 추구한 공허한 연기의 결과로 나타나게 됩니다. 그러나 이러한 실험은 양식으로 나아가는 한 과정으로 볼 수 있습니다. 불행하게도 우리 연극계에서 아직 완성도 있는 실험극이 없을 뿐이지 이러한 시도를 곡해할 수는 없습니다. 우리는 실험을 양식으로, 양식을 실험으로 오역하는지도 모르겠습니다. 그러한 이유 중 한 가지는 우리의 연극이 형식적 양식에만 집중함으로써 체득하지 못한 연기로, 연출과 극작의 의도에 더욱 큰 의의를 둔 결과물만 양산하기 때문이라 생각합니다. 이러한 우려에 대해서 미쉘 생 드니는 "극작에서 새로운 양식을 위한 실험이

---

13 김방옥 외, p. 19.

행해지고, 새로운 무대 기법이 시도된다고 하더라도 모든 연극실험은 궁극적으로 인간, 즉 배우의 존재를 중심으로 하"여야 한다고 강조합니다.[14]

또한 "리얼리즘 연극임에도 불구하고 전혀 살아있는 연기가 아니다"라고 말하는데 이것도 연기에 대한 일반적인 편견이라 할 수 있습니다. 이 발언은 리얼리즘만이 살아 있는 연기를 하는 예술방식으로 읽힙니다. 하지만 리얼리즘을 포함한 모든 양식의 연기가 추구하는 것이 바로 살아있는 연기입니다. 고전주의극, 신고전주의극, 낭만주의극, 표현주의극 등의 모든 연기는 인생의 진실에 접근하는 것입니다. 즉, 인생의 진실에 접근하는 연극을 만들기 위해 그 시대의 특성에 맞는 연기 양식을 개발합니다.

평론가 김방옥은 "오늘날 연기의 다양화가 존재하는가? 과연 스타일 액팅이란 성립하는가? 연기자들이 연기의 양식을 얼마나 의식하면서 연기하는가?"라고 묻습니다. 이어서 "요구되는 연기는 굉장히 다양해지는데 그에 상응하는 연기 스타일을 창출하고 그 완성도를 높이지 못하기 때문에 보는 관객들이 혼란을 느낀다"라고 말하며, "서사적 연기라는 것이 실제로 얼마나 가능한지"를 질문합니다.[15]

이러한 질문 역시 오역되는 양식을 실증하는 하나의 예입니다. 배우가 연기의 양식을 의식하면서 연기하는 것은 진실한 연기를 벗어나게 하는 요인이 됩니다. 연기의 방법이 목적이 되는 것이기 때문입니다. 배우가 그 작품의 주어진 상황에서 주제에 따라 연기하는 것이 양식이 되는 것이지, 양식을 위하여 연기하는 것은 아닙니다.

---

[14] 미쉘 셍 드니, p. 125.
[15] 김방옥 외, p. 15.

우타 하겐(Uta Hagen)은 배우의 어휘 중에서 가장 더러운 단어로 양식을 꼽습니다. 양식에 대해서 배우가 조금이라도 신경을 쓰는 날이면 그 배우는 당장에 후트 라이트(foot light)의 그릇된 쪽에 자리 잡게 된다고 경고하면서, 양식은 유행을 따르거나 지난날로부터 빌려 쓰는 외적 형식이고 외적 형체이기 때문에, 치명적인 역병을 경계하듯 예술가들이 주의 깊게 경계해야 할 함정이라고 말합니다.[16] 이러한 그녀의 태도는 배우에게 우선적으로 희곡 속에 '내재한 무엇인가를 찾기'를 원했던 까닭입니다. "등장인물과 작품을 섬겨줄 리얼리티를 배우는 자신의 내부에서 찾아 일할 수 있는 모든 영역을 분석하기를 원'했던 것입니다.[17]

오태석 스타일, 이윤택 스타일 등 각 연출마다의 양식이 있듯, 연출은 양식의 의식이 가능합니다. 하지만 우타 하겐의 주장처럼 배우가 양식을 의식하며 연기하는 것은 위험합니다. 양식을 위하여 연기하는 것에는 자기화를 놓치고 말 위험이 커지기 때문입니다. 여기에서 리얼리즘의 고유한 방식으로 여겨지는 자기화 역시 전통적인 연기 습득 과정이며, 우리가 흔히 범하는 오류 중의 하나라 하겠습니다.

배우에게 양식을 의식하는 과정은 연습 과정에서 이루어지고, 공연은 양식이 소화된 연기여야 할 것입니다. 그 이후 결과물로 나타나는 배우의 연기는 바로 그 배우의 스타일이 되며, 배우 자신의 독특한 양식화 연기라 할 수 있습니다.

이러한 과정을 밝히기 위하여 양식화 연기 중 현대연극에서 폭넓은 지지를 얻는 서사극 연기를 조사하였습니다. 이것은 서사극 연기의 가능

---

[16] 우타 하겐, p. 246.
[17] 우타 하겐, p. 248.

성에 관한 김방옥의 질문을 연구한 것이기도 합니다. 김석만은 "제스처를 인용할 수 있게" 만들었다고 지적한 발터 벤야민을 인용하며 서사극 연기에 관하여 다음과 같이 말합니다.

> 배우는 식자공이 활자를 떼어놓듯이 자기 행동들을 떼어놓을 줄 알아야 한다. 이러한 효과는 이를테면 어떤 장면에서 배우가 자신의 제스처를 스스로 인용함으로써 거둘 수 있다.
>
> 서사극 연기는 주인공을 감싸는 상황에 대해 놀라움을 가르쳐 줄 수 있는 의미를 지닌다. 그런 의미를 지닌 세부 묘사가 마치 인용된 제스처로 나타난다. 세부 묘사의 철저한 표현으로 인해 관객은 그러한 표현이 가져다주는 외부의 힘 즉 '사회적 상황'을 깨닫게 된다.
>
> 서사극 연기자는 결코 역할의 심리에서 출발하지 않는다. 역할 상호 간의 관계를 극명하게 보여주는 지극히 작은 세부 묘사가 그 역할을 지배하고 있는 세상의 전체 모습을 담는다. 따라서 서사극 연기는 귀납적이다. 특수한 사실을 미루어 보편적인 원리를 추출해낼 수 있다. 서사극 연기는 현실 묘사의 방법이라기보다 현실 파악의 방법 문제이다.
>
> 서사극 연기는 '자연스러워야 하며 동시에 철저하게 계산된 세부 묘사'에서 과학성을 보여야 한다. 게스투스(Gestus)를 통해 나타나는 표현은 결국 의미를 던져야 하므로 서사극 연기자는 역할 사이의 관계에 폭넓은 통찰 및 관찰이 요구된다. 게스투스는 지극히 세밀한 신체언어를 기본단위로 하므로 표현의 의식적 선택이 가능하도록 하려면 광범위한 실험이 뒤따라야 한다.[18]

이처럼 배우는 '사회적 상황'을 관객에게 전달하기 위해서 '사회적 몸짓'[19]을 발견해 나갑니다. 이는 배우가 연습 과정에서 양식을 소화해 내는 과정과 같습니다. 더 극단적으로 "메이예르홀트는 그의 양식적 연기에서 등장인물의 성격이 점진적으로 발전해 나가는 경우를 버리고 등장인물의 '사회적 가면(social mask)'을 중시"[20]하였습니다. 이러한 메이예르홀트의 '사회적 가면'은 브레히트의 게스투스 개념과 일치하며, 사회적 몸짓을 소화한 후 결과적으로 나온 배우의 연기는 "역할의 특정한 정서와 마음 상태를 나타내기 위해서 연기자가 표현하는 명료한 육체언어를 의미"[21]합니다. 이는 양식화 연기의 의미이기도 합니다.

　　브레히트가 강조한 몸짓은 단순한 몸의 움직임이 아니라 극중인물의 성격, 특히 사회적 성격을 나타내려는 목적을 갖습니다. 즉, 그의 몸짓은 '인간 사이의 관계'를 나타냅니다. 단순한 몸짓이 적어도 브레히트에게는 몸짓이 아니었습니다. 예를 들어 착취나 협업 같은 사회적 관계의 몸짓에 주목하였던 것입니다.[22]

　　한편, 모든 몸짓을 껴안는 마임은 사회적 몸짓과 단순한 움직임 등 어떤 몸짓에도 새로운 의미를 부여하는 힘으로 존재할 수 있습니다. 즉,

---

18　김석만, 『인간의 마음을 사로잡는 연기의 세계』, pp. 314-315.

19　김석만, 앞의 책, p. 278 참조. '사회적 몸짓'은 파리를 쫓아내는 단순한 동작이 아니라, 남루한 옷차림을 한 사내가 자신을 위협하듯 짖어대는 개를 쫓아보려는 몸짓, 그리고 체면을 손상당하지 않으려고 빙판에서 넘어지지 않기 위해 애쓰는 태도 등입니다. 또한 노동의 몸짓과 사회환경에 대해서 결론을 끌어낼 수 있는 몸짓입니다. 이처럼 브레히트는 게스투스의 개념을 발전시켜 서사극 연기의 세부 묘사에 적용했습니다. 그는 사회적 몸짓을 양식화 연기에서 보이는 동작화를 의미하는 몸짓이나, 표현력이 섬세한 사적 동작과는 구별했습니다.

20　김석만, 앞의 책, p. 277 재인용 / Edward Braun, *Meyerhold on Theatre*, pp. 190-191.

21　김석만, 앞의 책, p. 277.

22　이남복, pp. 406-407 참조.

몸에 어떤 의미를 부여함으로써 마임은 관객에게 새로운 가치를 발견할 수 있도록 인도해주는 예술이라 할 수 있습니다.

브레히트는 서사적 연기를 "자연스러워야 하며 동시에 철저하게 계산된 세부 묘사"로써 강조했는데 이는 스타니슬랍스키의 시스템과 일치합니다. 단지, 스타니슬랍스키는 감정이입의 중요성을, 브레히트는 감정 배제의 중요성을 각각 강조하였다는 차이가 존재합니다. 김석만은 "감정이입의 배제 여부가 서사극 연기의 관심 대상이 아니라 감정이입을 어떻게 처리하느냐가 관심의 대상"[23]임을 강조합니다. 서사극 연기는 필연적인 것으로 보이기보다 수많은 가능성의 하나로 보여야 하므로, 연기를 잘하고 못하고의 문제를 떠나서 또 다른 가능성을 암시하는, 그럼으로써 끊임없는 질문으로 관객에게 깨달음을 의도하는 것으로 보았습니다. 즉, 브레히트는 "연기자가 지녀야 할 가장 기본적 자질을 역할이 취하는 분명한 사회적 몸짓의 획득으로"[24] 여겼던 것입니다. 그래서 몸짓을 분명하게 하는 방법으로 "표현의 최소단위인 세부 묘사에 이르기까지 철저한 계산이 선행"되어야 했습니다.[25]

철저한 계산은 스타니슬랍스키의 시스템에서 가장 중요한 것이기도 합니다. 그는 신체와 정신의 이분법적 사고를 거부하고 "모든 신체 행동에는 심리적인 무엇이 있고, 심리적인 것에는 신체적인 무엇이 있다"라고 하며 심리와 신체의 철저한 계산을 요구했습니다. 죽기 불과 석 달 전

---

23 김석만, 앞의 책, p. 281.
24 김석만, 앞의 책, p. 284.
25 김석만, 앞의 책, p. 285.

에, 그는 연출하는 제자들에게 "여러분은 배우들에게 다양한 길을 제시해야 한다. 그중 하나가 신체적 액션의 길이다. 하지만 다른 길도 있다. 먼저 느낌을 불러일으켜서 느낌으로부터 액션으로 옮길 수도 있다"[26]라고 말했습니다. 그 당시는 낭만주의와 멜로드라마가 성행했던 시대이므로, 이러한 상황으로 미루어 볼 때 많은 연기가 외면에 너무 치우쳐 있었음은 주지의 사실입니다. 이러한 까닭에 내면 즉, 느낌에서부터 신체를 움직이는 방법이 강조되었습니다. 오늘날은 텔레비전이나 영화에서 사실주의 연기가 만연하고 있습니다. 이는 곧 양식화 연기의 필요성이 절실하다는 것으로 해석할 수도 있습니다.

20세기 서구 연극의 선구자들은 연극을 최고의 예술로 개혁하고자 노력했습니다. 이 개혁은 배우의 몸에 대한 인식을 새롭게 요구했고, 현대연극은 이성 우위의 논리적인 연극에서 벗어나 배우의 몸을 통해서 연극의 내적인 힘을 회복하고 있습니다.

작품마다 독특한 자기화를 위해 자체적인 양식을 실험했던 고흐나 피카소, 로댕 같은 미술가처럼, 배우도 작품마다 독특한 스타일의 연기로 존재할 수 있습니다. 진정한 배우의 양식은 자기의 양식(스타일)만을 고집하는 것이 아니라, 주어진 상황(given circumstance)과 주제 의식에 따라서 공연한 결과가 언기 양식(스타일)으로 나타나는 것이라 할 수 있습니다. 배우에게 있어서, 진정한 양식의 의미는 배우가 연기를 자기화하도록 순간순간을(moment to moment) 살아있게끔 이끌고, 관객과 함께

---

[26] Alison Hodge, p. 17.

'순간을 영원'으로 경험하는 것이 아닐까... 생각합니다.

2. 양식 용어 규정

자연은 복사가 될 때 항상 양식화되기 마련입니다.[27] 따라서 모든 예술은 양식을 지닙니다. 시대마다, 작품마다 회화는 회화의, 무용은 무용의, 연극은 연극의 다양한 양식이 존재했습니다. 양식화가 잘 표현된 작품은 주제와 주제의 변형이 논리적으로 나타날 때 이루어지며, 논리적인 균형성을 갖지 못하고 주제 의식이 뚜렷하지 않을 때, 구현하는 방법이 희미하고 표현 방법이 독특하지 못할 때 우리는 '그 작품은 양식이 없다'라고 말합니다.

그러나 흔히 양식화된 연극은 답습되고 굳어있고 창의력이 없으며, 양식화 연기는 매너리즘 연기로 매도되고 혐오의 대상으로 오역되곤 합니다.

또한 '양식화된' 것은 어떤 비 사실주의적인 연극이나 연극적 경험을 흔히 말하는 데 사용되곤 합니다. 이것은 마치 매우 일반적인 한 용어가 모든 가능성을 총망라해서 모든 비 사실주의적인 연극 활동이 "한 자루의 빗자루에 의해서 하나의 바구니 속에"[28] 쓸어 넣어지는 것과 같다고 하겠습니다.

오스카 브로켓(Oscar G. Brockett)은 "연극에 대한 오늘날의 많은

---

27 베르톨트 브레히트, 『서사극 이론』, p. 108.
28 제리 L. 크로포드, 조안 스나이더, p. 21.

토론에서 양식화라는 용어는 사실주의로부터의 이탈을 시사하는데 이 용어는 때때로 유익하지만, 명확지 못한 것이 사실이다. 사실주의 역시 하나의 양식이며 사실주의를 이탈하는 방법도 무수히 많기 때문이다'[29] 라고 말하며 양식의 혼돈을 다음과 같이 서술합니다.

> 양식은 수많은 개념을 가리키는 데 사용되었기 때문에 정의를 내리기 어렵다. 그러나 기본적으로 양식은 특징적인 표현 방법 또는 공연방식으로부터 비롯되는 한 성질이다. 양식은 시대, 국가, 운동 또는 작가에 속하는 특징들로부터 파생될 수 있다. (...) 국민 간에 차이점이 있어서 영국의 양식과 프랑스의 양식을 구별할 수 있게 해 준다. 더 나아가서 신고전주의자들이 쓴 희곡들은 그 운동의 양식적인 특징들을 알 수 있게 해주며, 그들의 작품과 낭만주의자들, 표현주의자들, 또는 부조리 극작가들의 작품을 구별 지을 수 있게 해주는 특성들을 나타내준다. 마지막으로 개별적인 작가들의 희곡들은 다른 모든 작가의 작품과 분명히 다른 특징들을 갖고 있다. 그러므로 우리는 셰익스피어 양식이니, 소포클레스 양식이니 할 수 있는 것이다.[30]

이렇듯 브로켓은 양식을 시대·국가·운동·작가에 속하는 특징들로 파생됨을 설명하며, 두 가지 기본 영향으로부터 양식이 결과한다고 보았습니다. "첫째는, 진실과 현실의 가정에 근거"하고 "둘째는, 작가가

---

29 오스카 G. 브로케트, p. 71.
30 오스카 G. 브로케트, p. 70.

그의 표현 수단을 구사하는 방법에서 결과한다"라고 말합니다. 이렇듯 양식은 진실과 현실의 인식이며, 이는 시대의 산물이고 또한 그 시대의 거부이기도 합니다.

미쉘 셍 드니는 "양식(style)의 느낌은 체험을 통한, 학습을 통한 상상력에서 와야 하며 테크닉이 빠진 상상력은 방종에 불과"하다고 말하며 양식을 다음과 같이 정의합니다.

스타일(양식)이란 작품의 진정한, 내부 세계에 드러내는 리얼리티(reality)에 의해 취해진 인식할 수 있는 형식이다. 스타일에는 무엇인가 비밀스러운 것이 있다. 그 비밀은 인지할 수 있는 외적인 형태 속에 있으며 우리가 그 외적인 형태 이면에 깔린 핵심적인 리얼리티를 인식한다면 그 비밀에 접근할 수 있을 것이다.[31]

이처럼 양식(style)은 대본의 전체성과 역사적인 시대에 바탕을 둔 고유의 리얼리티가 있고, "스타일은 그 사람 자신"[32]이라 할 수 있습니다. 미쉘 셍 드니는 연극의 토대를 분명히 한 자끄 코포 등 20세기 연극의 개혁자들 덕분에 "모든 양식의 연극은 근본적인 인간적 사실주의, 사실주의의 시(詩)에 이르게 되었다"[33]라며, 양식은 오늘날에 의미가 있을 수 있는 해석을 통해서 현대적인 "창조의 원천"[34]이라고 강조합니다.

---

31 미쉘 셍 드니, p. 124.
32 제리 L 크로포드, 조안 스나이더, p. 22.
33 미쉘 셍 드니, p. 207.
34 미쉘 셍 드니, p. 124.

양식을 창조의 원천으로써, '연극의 혁신을 원천적 전통'[35]으로 양식에 주목한 대표적 인물로는 메이예르홀트가 있습니다. 그는 자신의 연극을 '우슬로브이(조건 연극)'라 명명하였는데, 이것은 일반적으로 동의한 조건이나 가정을 뜻하며 리얼리즘에 반대되는 상징주의적 연극이나 양식화된 연극을 지칭하는 것으로, 근본적으로 연극의 독자성을 인정하는 것입니다.[36] 그는 "이제 언어 연극에서도 언어가 절대적인 도구가 아니라는 사실을 깨달아야 한다"[37]라고 주장하며 제스처와 마임의 단순한 테크닉으로 절제된 동작을 강조했습니다. 그는 동작 연극을 탐색함으로써 양식화된 연극의 표현원리를 개발하고자 하였습니다.[38] 그것은 언어와의 교환을 전제로 하지 않고, 독자적인 표현 매체로써 육체의 조형적 동작을 연구하는 것이었습니다. 연기의 전문성은 언어 외적 요소, 특히 동작의 이해와 훈련에 있다고 그는 생각했기 때문입니다.[39] 그는 조각이나 움직이는 조형물로서의 양식화된 조형적 동작을 위해서 판토마임을 배우에게 제안하며, 마임의 훈련을 적극적으로 도입합니다. 이러한 조형적 동적은 드크루의 기하학적 정신을 바탕으로 한 코포럴마임과 일치하는 점이며, 드크루는 마임을 노동으로, 메이예르홀트 역시 연기를 노동이며 노동의 상징으로 삼았습니다.[40] 메이예르홀트에게 있어서 배우는, 몸을 피아노의 건반으로 보았던 드크루와 마찬가지로, "재단되어야"[41] 했고, 일인다역과

---

35 맨프레드 브라운넥, p. 396.

36 맨프레드 브라운넥, p. 393.

37 남상식, p. 142.

38 남상식, p. 140.

39 남상식, p. 142.

40 남상식, p. 156.

가면으로 캐릭터를 변형하는 기량이 요구되었습니다. 이렇게 함으로써 메이예르홀트는 "관객과 배우 사이의 일치감이 나올 수 있도록 구성되는"[42] 양식을 모색하였습니다. 그는 양식화된 연극을 "이상화하고 순화된 삶의 이미지를 무대 위에 전달해 주는 것"으로 생각했으며, 양식주의 배우들은 "실생활을 재현하기보다는 신체의 원칙에 따라 작업하며 일상생활의 외관을 변형해 예술적으로 승화한다"라고 보았던 것입니다.[43]

현대에 들어와서는 작가의 양식에 영향을 주는 동일한 결정 요인들로 연출가마다의 독특한 양식이 대두되었고, 더 나아가 바르바(Eugenio Barba)는 배우 자신들의 독특한 양식에 주목합니다. 바르바의 '결정된 몸'은 다양한 양식을 몸으로 체득하여 나온 원칙들의 결과물입니다. 그래서 바르바는 양식화라는 말을 중시합니다. 동서양을 막론하고 진정한 양식화를 이룬 배우를 '북극 배우'라고 칭하면서 "탈일상적인 기술들의 특징인 공들인 인위성은 에너지의 다른 특질을 가능케 한다"라고 보았습니다.

> 오랜 실천과 계속되는 수련을 통해서, 배우는 신경 감응 과정에 이 '비일관성'을 고정하고 혁신된 몸 문화, '제2의 천성', 인위적이지만 생명력으로 특징지어지는 새로운 일관성으로 나아가는 새로운 신경-근육 반사 작용을 발전시킨다.[44]

---

[41] Manfred Brauneck, p. 400.
[42] Manfred Brauneck, p. 318.
[43] 로버트 베네데티, p. 88.
[44] 유제니오 바르바, p. 53.

그 예로 바르바는 동양의 인도와 인도네시아 배우들의 손과 발, 눈 등의 움직임에 주목합니다. 또한 몸통을 주시한 드크루의 코포럴마임을 "무대에서 살아있는 움직임은 몸의 균형이 척추에서 생기는 미세 행동이나 충동의 연장일 때"라고 설명합니다. 이러한 것들은 무대에 현존하는 배우의 양식적인 기술로, "스타니슬랍스키에서 그로토프스키에 이르기까지 신체적인 행동에 관한 대가들의 가르침 속에서 발견된다"[45]라고 보았습니다. 20세기 서구 연극 선구자들은 이 원칙들을 동양 배우의 비워냄에서부터 시작했습니다. 이는 굳어져 버린 서양 연극 예술에 동양 연극의 수혈이었습니다.

므누슈킨은 "연극은 동양적이다"라는 아르또의 말을 빈번히 인용하며,[46] 동양 연극의 양식성을 실험합니다. 사실주의 연극은 몸이 아니라 언어에 기초한 형태이기 때문에, 배우에게 공연의 형식을 제공할 수 없다고 느꼈기 때문입니다.[47] 그녀와 <태양극단>은, 연극의 핵심적 요소는 배우의 몸과 제스처를 통해 유형의 것이든 무형의 것이든 희곡 텍스트를 육체의 시로 변형하고, 배우와 그의 연기 양식의 발견에 노력을 기울입니다.[48] 그녀는 "동양 연극의 양식성을 현실을 넘어서는 연극성으로 파악하였고, 배우의 육체적 표현은 연극의 유혹성을 보장하는 양식성이라고 생각하며"[49] 인간적 깊이를 인식하게 하는 연극의 메시지와 배우의 은유

---

[45] 유제니오 바르바, p. 58.
[46] 노이정, p. 4.
[47] 노이정, p. 30.
[48] 노이정, p. 5.
[49] 노이정, p. 29.

를 가능케 하는 양식에 몰두합니다.

　　동양 미학의 대표적인 양식의 예로는 형사(形似)와 전신(傳神)이 있습니다.[50] 이는 동양 회화의 이형사신(以形寫神) 즉, '형태로써 신을 표현하는 것'으로, 형사(形似)는 '대상을 화폭에 옮겨 그리는 데 있어서, 외형적인 본뜸에 주력'하는 것이고, 전신(傳神)은 '본뜸에 머무르는 것이 아니라 실체인 신까지 담아내'는 것으로 압축 설명됩니다.[51] 이후 전신에서 사혁(謝赫)이라는 인물이 기운생동(氣韻生動)론을 제시하였고, 이 기운생동론은 동양화론의 중심적 개념이 됩니다. 이리하여 동양화에서 화육법(畵六法)은 초기 단계로 전이모사(轉移模寫)가 있으며, 이 전이모사는 서구의 리얼리즘 화법과 비슷하다고 하겠습니다. 그리고 최고 단계는 기운생동으로서, 기운이 표현되어 나오면 형상은 자연히 그 안에 있다는 것입니다.

　　유홍준은 『조선시대화론 연구』에서 이 기운생동론을 동양 미학의 본질로 삼습니다. 기운생동에서 기(氣)는 숨이요, 힘입니다. 기가 움직이는 것이 기운(氣韻)이며, 기분(氣分) 역시 호흡, 숨에 의해 느껴지는 정서입니다. 모든 생명은 각기 호흡하기 위한 기관이 있고, 몸은 이들 기관을 담고 있습니다. 동양 예술은 자신의 표현 방법으로 호흡합니다. 즉, 고유의 양식으로 호흡합니다. 극동아시아에서는 기운생동이 없으면 적어도 예술이라고 말할 수 없었습니다. 이 기운생동은 아르또가 「감성운동」에서 "신성한 연극의 이념을 되찾"고자 말하는 '상형문자'와 일맥상

---

50 김효, 「한국 연극사 기술에 관한 메타비평」, pp. 6-7.
51 진조복, pp. 73-75 참조.

통한다고 하겠습니다.[52] 그는 「감성운동」에서 "투사가 자기의 근육 조직을 이용하듯이 배우가 자기의 감성을 이용"하려면, "호흡에 의지"해야 한다고 강조합니다.

실제로 호흡은 외적인 연기와 밀접한 연관성을 맺습니다. 연기가 절제되고 억제될수록 호흡은 더욱 확대되고 치밀해집니다. 또한, 충실해지며 과도한 반사의 부담을 지닙니다. 그래서 호흡은 파도가 신속하게 부서지는 것처럼 격분하는 연기, 질량감 있는 연기, 외현(外現)적인 연기와 일치하게 됩니다. 인간 감성의 일원인 호흡은 각각의 감정이나 전신의 움직임과 일치하고, 또한 인간 감성의 분출과 일치합니다.[53]

아르또는 이러한 호흡에 대한 인식으로 심리 분석적인 서양의 리얼리즘극을 혐오하였습니다. 그는 배우가 작업할 때뿐만 아니라 작업을 준비하면서도 호흡의 지식을 이용해야 한다고 생각했습니다. 그 결과로써 호흡에 리듬과 색깔을 부여했으며, 길이와 양상으로 구분하였습니다. 호흡의 길이로 "정열의 시간에 관한 비밀을 체험"하고 "조화로운 율동을 조절하는 어떤 음악적 템포를 체험"한다고 보았습니다. 또한 호흡의 양상으로 "육체에 영혼을 위한 출구가 존재"한다고 생각했습니다. 호흡의 양상은 "의지로 거쳐 가는 선별기"이며 "이완된 의지가 통과하는 선별기"입니다. 그는 결국, "호흡의 강도를 예민하게 조절하여 배우 자신의 개성을 더욱 심오하게 만들 수 있다"라고 말하며, "배우는 자신이 가지

---

[52] 앙토넹 아르또, p. 202.
[53] 앙토넹 아르또, p. 192.

고 있지 않은 감정이라도 호흡을 통해 접근해 들어갈 수 있다"라고 주장합니다. "연기는 숨쉬기로 시작"한다고 주장하는 이윤택은 "연기를 한다는 것은 무의식적으로 드나들던 숨을 자신의 주체적 의식으로 전환하는 것을 의미한다"라고 강조합니다.[54] 즉 그에게 있어서 호흡은 배우의 현존하는 의식인 것입니다. 아르또는 다음과 같이 말합니다.

> 모든 감정은 신체 조직에 기초한다. 배우는 자신의 몸속에 있는 감정을 계발함으로써 전기와 같은 강도로 그것을 재충전시킬 수 있다. 우선 몸의 어느 장소를 건드려야 할지 아는 것, 그것은 관객을 마술적인 최면 상태로 밀어 넣는 것이다. 오래전부터 연극의 시는 이런 종류의 귀중한 기술에 익숙하지 못했다. 신체의 여러 장소를 인식하는 것, 그것은 결국 마술적인 연결 고리를 회복시키는 것이다. 그리고 나는 호흡의 상형문자를 가지고 신성한 연극의 이념을 되찾기를 원한다.[55]

아르또에게 있어서 배우의 상형문자인 호흡은 관객의 호흡을 통하여 가슴속으로 들어갑니다. 이러한 배우의 상형문자 즉 양식화로 표현되는 동양 공연예술의 예는 한국의 굿·탈춤·판소리, 일본의 노·가부키·분라쿠, 중국의 곤극·경극 등 무궁무진합니다. 동양의 양식은 몸의 조절을 위해 기를 움직이는 호흡이 절대적입니다. 배우는 스타일을 수행하기 위해서 몸을 조절(control)해야 합니다. 이 신체적 조절이 바로 호흡

---

54 이윤택, p. 33.
55 앙토넹 아르또, p. 220.

조절로 나타납니다. 신체적 조절이 능숙하게 소화되었다면 호흡조절이 되었다고 볼 수 있습니다. 이것은 바로 연기를 수행할 때 긴장하지 않고 목적(object)을 달성할 수 있게 합니다. 여기서 현대 배우는 캐릭터를 연구할 때 호흡의 양식화 접근을 생각해 볼 수 있습니다. 캐릭터마다 호흡하는 방식으로 인물은 창조될 수 있습니다. 숨을 천천히 쉬는 인물이 있는가 하면 반대로 급히 몰아 쉬는 인물이 있고, 각 인물의 성격에 따라 배우는 호흡을 창조할 수 있습니다. 이 호흡에 따라 각 인물의 다양한 양식이 창조됩니다.

따라서 배우에게 양식은 창조의 원천이 됩니다. 양식은 공연자의 몸을 자유롭게 인도하는 특정한 표현 방법입니다. 양식을 통해서 배우는 자유를 얻고, 사고를 확장해 나아갈 수 있습니다. 이것은 역사의 전후 맥락 안에서 그 극의 스타일, 즉 독특한 리얼리티의 창조를 도와주며, 자기화에 대한 접근과 예술가로서의 인식을 쉽게 인도합니다. 그러므로 양식은 "창조하는 역할의 정통적인 측면인 성격, 자질, 특성들을 그 인물 속에서 발견하고 탐구하도록 하는 수단"[56]이며, 창의적인 작품, 창의적인 연기에 도달하게 하는 힘입니다.

3. 양식화의 의미 연구

현대의 많은 배우는 양식을 한 스타일의 연극이나 연출, 연기에만 적용되는 훈련법으로 오해하곤 합니다. 어떤 배우들은 양식을 연구하는

---

[56] 제리 L. 크로포드, 조안 스나이더, p. 25.

연출이나 배우들을 기피까지 합니다. 과거의 공연에만 출연한다거나, 혹은 한 작가나 연출가의 작품에만 출연하는 경우는 거의 없기 때문입니다. 저 또한 양식화 연기를 답습되고 고정된 양식으로 인식해 왔습니다. 탈춤·굿·창, 일본의 노, 중국의 경극과 같이 한 분야에서만 전문화, 특성화하여 국한되는 경향이 강했고, 양식을 다른 분야의 연기에는 어색하고, 다양한 연기에 방해가 되는 것으로 생각했기 때문입니다. 결과적으로 다양한 연기를 하기 위해선 양식을 거부해야 한다고 믿으며, 양식화 연기를 외면하고, 자신 속에서 맴도는 연기만을 계속 이어 나갔습니다. 연기는 늘 저를 괴롭히고 저는 늘 헤매었습니다. 그러면서 점점 자신 속으로만 침잠해 들어갔습니다. 자신의 연기를 어떻게 깨고 꽃 피워 나갈 수 있을까 괴로워하던 중 마임을 만나게 되었고, 마임을 통해서 비로소 양식을 새롭게 인식하고 있습니다.

오늘날 양식의 중요성에 관해서 김윤철은 다음과 같이 말합니다.

> 연극은 삶에 대한 해석이고 공연의 양식은 그 연극을 해석하는 틀이며 방법이므로, 연극 양식을 해석에 대한 재해석으로 해석해도 무방하다. 더구나 삶에 대한 해석인 텍스트가 해체되어 의미성을 찬탈당하기 일쑤인 현대연극에서 양식을 통한 재해석이 어쩌면 심미적 지적 쾌락의 유일한 원천일지도 모른다. 의미를 배제한 연극은 가능할지라도 쾌락 없는 연극은 불가능하다. 오늘날 양식이 더욱 중요해진 이유가 거기에 있는 것이다.[57]

---

[57] 김윤철, p. 478.

그러나 배우를 양성하는 곳에서는 양식에 관한 연구보다 여러 가지 무술, 무용 등을 학습시킵니다. 이러한 연극 현상에 대해서 스즈키는 "잡다한 공연예술을 너절하게 배움으로써 연극은 독자적인 매력을 발휘할 수 없게 되었다"라고 말합니다.[58] 그는 양식의 학습도 "신체를 사용하는 표현 세계의 기술을 긁어모으는 것이 아니고, 다양한 스타일이 발생·분리되기 이전의 공통점을" 연구해야 한다고 강조합니다.[59] 스즈키는 양식의 연구로 신체의 표현 예술에서 하반신, 그중에서도 발을 주목하며, "배우에게 지금까지 역사적으로 축적되어온 여러 가지 연극의 스타일을 모두 한 번씩 놀아보게 하고 싶은 욕구를 충족시켜"[60]주는 탐구를 이어갑니다. 바르바의 연구와 맥을 같이하는 이러한 탐색은 어떤 의미가 있을까? 양식화의 진정한 의미는 무엇일까? 이에 대해서 배우 본성의 확장과 자유의 추구로써 양식화의 의미에 초점을 맞추어 탐색하고자 합니다.

1) 배우 본성의 확장

저는 대학 동아리로 연극을 시작하였고, 20여 년 동안 아방가르드 연극에서 삶의 의미를 찾아왔습니다. 그러다가 대학원에서 연기를 공부하며 사실주의 연극에 큰 힘을 받았습니다. 그리고 요즘, 마임 공연을 하면서, 리얼리즘 연기가 양식적 연기에 많은 도움을 주고 있다는 사실을 새삼 깨닫습니다. 저는 연기에서 일상과 같이 화내고, 싸우는 리얼리즘 연기에 거부 반응이 있었습니다. 좀 더 상징적이고, 표현주의적인, 어떤

---

58 스즈키 타다시, pp. 164-165.
59 스즈키 타다시, pp. 163-165.
60 스즈키 타다시, p. 47.

이상적인 형상을 추구하는 양식적인 연기를 탐색해 왔습니다. 노자(老子)는 "자연은 인자하지 않다(自然不仁)"라고 합니다. 온화한 풍경 속에도 투쟁하는 자연이 숨 쉬고 있다는 것을 일깨워 주는 말입니다. 저는 상징적인, 이상적인 표현에도 일상의 표현이 포함되어 있음을 간과해 왔던 것입니다. 이제야 비로소 자신의 본성을 인식하고 확장하는 연기예술이 조금씩 이해해 갑니다. 과연 본성은 무엇일까요? 개인이 타고난 성질, 즉 천성이라고 할 수 있습니다. 유교는 윤리적인 본성을 중시하며, 본성에 대한 자각으로써 끊임없이 본성의 단계를 끌어올리기 위한 수양을 강조합니다.[61]

> 공자께서 말씀하셨다. 나는 열다섯 살에 배움에 뜻을 두었고, 서른 살에는 스스로 뜻을 세웠으며, 마흔 살에는 미혹하지 않게 되었고, 쉰 살에는 천명을 알게 되었으며, 예순 살에는 듣는 대로 순조로이 이해하게 되었고, 일흔 살에는 마음 내키는 대로 행동해도 법도를 넘어서지 않게 되었다.

> 吾十有吾而志於學, 三十而立, 四十而不惑, 五十而知天命, 六十而耳順, 七十而從心所欲, 不踰矩 (論語·爲政)

이렇듯 인간의 본성은 끊임없이 변화합니다. 각 배우의 본성 또한 고정되고, 불변하는 것이 아닙니다. 위 공자의 예가 윤리로 본성을 확장하는 것이라면 장자의 포정해우(庖丁解牛)는 기술을 통해서 본성이 확장

---

61 이상우, p. 46.

하는 좋은 예라 생각합니다.[62]

포정이 문혜군을 위하여 소를 잡았다. 손이 닿거나 어깨가 움직이거나, 발로 밟거나, 무릎을 굽힐 때마다 쓱쓱 싹싹 칼질하는 소리가 모두 가락이 맞았다. 그 모습은 마치 뽕나무 숲이 춤추는 것 같고, 그 소리는 마치 경수라는 곡을 연주하는 것 같았다. 문혜군은 탄식해 마지않았다. "야 대단하구나! 기술이 이런 경기에까지 이를 수 있는 것인가?" 포정이 칼을 놓고 대답했다. "신이 즐기는 것은 도인데 기술을 통해서 들어가는 것입니다(道也 進乎技矣). 신이 처음 소를 잡을 때만 해도 눈에 보이는 것은 소뿐이었습니다. 3년 후에는 소의 온 모습이 보이지 않게 되었습니다. 지금 저는 정신으로 소를 대할 뿐 눈으로 보지 않습니다. 감각의 작용이 정지하고 정신이 움직이려고 합니다. 자연의 이치를 따라 뼈와 살 사이의 큰 간격을 쪼개고 마디 사이의 큰 구멍에 칼을 넣어 자연스럽게 갈라갑니다. 칼이 뼈와 힘줄이 엉켜 있는 것에 가는 일이 없는데, 하물며 큰 뼈에 부딪히기야 하겠습니까! 뛰어난 백정도 1년에 한 번은 칼을 바꾸는데, 이는 무리하게 살을 베기 때문입니다. 보통의 백정은 한 달에 한 번 칼을 바꾸는데, 이는 뼈를 자르기 때문입니다. 지금 신이 쓰는 칼은 19년이나 되었고 잡은 소는 몇천 마리나 되지만, 칼날은 방금 숫돌에 간 듯 잘 듭니다. 원래 뼈마디 사이에는 간격이 있으며 칼날에는 두께가 없습니다. 두께 없는 것을 간격 있는 곳에 집어넣는 까닭에, 아무리 칼날을 휘둘러도 반

---

[62] 이상우, pp. 69-71.

드시 여지가 있기 마련입니다. 그래도 막상 뼈나 힘줄이 엉킨 곳을 만났을 때는, 저도 어려움을 아는 까닭에 저절로 긴장되고 시선을 떼지 않으며 움직임도 느려지고 칼 쓰는 법이 아주 섬세해집니다." 순식간에 일을 마치자 흙덩이가 땅에 떨어지듯 고기가 떨어졌다. 그제야 그는 사방을 둘러보며 잠시 그 자리에 선 채로 만족감에 젖었다. 그리고는 칼을 닦아 넣었다. 문혜군이 말했다. "정말 대단하구나! 나는 포정의 말을 듣고 양생의 법을 터득하였다."
(장자 양생주)

동양의 창작 이론은 장자의 양생주에 등장하는 포정해우의 우화처럼 기술을 통한 도(道)의 도달을 기본으로 하여 성립되었다고 볼 수 있습니다. 이러한 정신을 근거로 동양 전통의 연희는 양식과 기교를 발달시켜왔습니다.

하지만 동양 배우에게는 이러한 양식의 습득이 질곡으로 작용하기도 합니다. 배우가 양식만을 습득한다면 그 배우의 본성은 오히려 축소되고 도에서도 멀어질 수 있기 때문입니다. 양식이 오히려 몸과 마음을 규격화하여 배우를 한정시킬 수 있습니다.

그러나 대가들은 이러한 규격화된 양식을 뛰어넘어 자신만의 독특한 양식으로 나아갑니다. 즉, 진정한 양식은 규격화된 양식에서 벗어나 사물을 사물 자체로써 순수하게 대할 때 성립됩니다. 기(技)에서 도(道)로 승화된다는 것은 이를 뜻한다고 할 수 있습니다.

이와 마찬가지로, 배우는 양식을 통해서 자신의 본성을 확장할 수 있는 길을 발견할 뿐 양식 자체가 배우의 본성을 확장하도록 도와주는 것은 아닙니다. 마임 역시 배우에게 본성을 확장하도록 도움을 주는, 그리고 확장할 수 있는 다양한 예술 분야 중 하나이며, 또한 배우에게 수많은 길 중에서 한 길을 제시하는 장르입니다.

'배우 본성의 확장'에 관한 예를 에티엔 드크루(Etienne Decroux)에서 찾을 수 있습니다. 그는 코포럴마임을 만들게 된 이유를 "자신의 본성(nature)"이라고 말합니다.[63] 드크루는 연극을 개혁하기 위해 배우를 주시했고, 배우의 몸을 연구했습니다. 이것이 코포럴마임(corporeal mime)입니다. 코포럴마임은 연극의 자궁이며, 배우 예술의 본질로, 배우 본성을 확장하는 테크닉이라고 말할 수 있습니다. 현대 마임의 아버지로 일컬어지는 드크루는 자끄 코포, 샤를 뒬랭 그리고 루이 주베에게서 연극을 배우고, 장 루이 바로와 마르셀 마르소의 스승으로서 제자들을 가르치며 끊임없이 자신을 개발하였습니다.

나는 주베의 연기를 통해서 이론을 획득하게 되었다. 나는 뷰 콜롱비에 학교와 뒬랭에 의해서 개발되었다. ... 뒬랭에게선 완벽하게 기초적인 형태를 배울 수 있었다. 그는 나를 가르쳤고 나를 형성했다. 그는 내가 가져야 하는 모든 것을 보여주었고, 한 지점을 지나쳐 버리는 것에서부터 보호해 주었다. 그는 소위 열정을 갖고, 정말로 좋은 자질을 나에게 주기 위해 노력했다. 그와 작업하는 일은 얼마나 흥미로운가! 그의 연기는 누구보다도 나에게 흥미로웠다. 그러나 그것이 내가 이론으로서 좋아했다는 것을 의미하지

---

[63] *Mime Journal*, No 7 and 8, p. 8.

않는다. 이론의 관점에서 (마임의) 아이디어는 뷰 콜롱비에 학교로부터, 코포로부터 나왔다. 그리고 스타일(Style)은 주베와 함께 함으로써 나에게 다가왔다.[64]

그는 자신의 본성을 확장함으로써, 코포럴마임의 테크닉과 이론을 확립할 수 있었습니다. 그런 까닭에 드크루는 코포럴마임 테크닉을 통해서 배우들은 환기될 수 있으며, 이것을 통해서 배우들을 확장으로 이끌 수 있다고 확신했습니다. 결국 코포럴마임 기술을 익힌 배우들이 미래의 연극을 보다 깊이 있고 무게를 지니는 예술로 꽃피우기를 바랐던 것입니다.

배우는 연기의 중요한 본질로써 역시 자신의 본성을 확장해야 합니다. 배우의 가장 중요한 임무는 캐릭터(Character)로 변형되는 것이기 때문입니다. 캐릭터는 도대체 누구일까요? 모든 캐릭터가 자기 역할을 한다고 해도, 오직 배우 자신이 변형한 형상이라 할 수 있습니다. 캐릭터는 배우의 변화된 모습입니다. 캐릭터는 배우 위에 존재하며 배우를 재단하는 이데아가 아닙니다. 배우는 양식을 통해 캐릭터에 접근하는 건강한 방법을 찾을 수 있고, 이 방법이 배우 본성의 확장으로 이어질 수 있습니다. 양식화의 진정한 또 하나의 의미는 바로 캐릭터에 접근하는 건강한 방법입니다. 이것은 배우 자신의 변형이 연기의 중요한 본질 중 하나라는 것을 내포합니다. 캐릭터로의 변형이 관객에게 더욱 신뢰감(believable)을 주려면, 배우 자신의 본성 확장이 전제되어야 합니다. 그러므로 본성의

---

[64] *Mime Journal*, No 7 and 8, p. 14.

확장은 캐릭터로의 변형을 포함하여 배우 자신의 변형이 됩니다. 이 모든 것이 배우의 본성이 확장함으로써 나타난다고 하겠습니다.

한 예로, 양식화 연기에 거부감을 느끼는 한 배우가 있습니다. 그 배우는 어떤 양식이 자신에게 부자연스럽게 다가왔습니다. 하지만 어떤 연기 스타일은 매우 편했습니다. 배우가 어떤 연기 스타일에 편하다는 것은 자신이 자연스러웠기 때문입니다. 자연스러움은 무엇일까요? 과연 그 배우의 본성에 맞는 자연스러움일까요? 배우의 사회적, 문화적 습관에서 굳어진 자연스러움은 아닐까요? 그 자연스러움은 오히려 본성을 축소하는 방향으로 작용하지는 않을까요?

윗글의 공자와 장자의 예에서 인간의 본성은 윤리와 기술을 통해 끊임없이 변할 수 있다는 것을 인식할 수 있습니다. 여기에 인간의 몸이 있고, 양식의 의미가 있습니다. 양식화의 진정한 의미는 배우의 본성이 확장되어, 배우의 자연스러움이 우러나오는 것이라 하겠습니다.

2) 자유의 추구

양식화의 또 하나의 의미는 자유의 추구입니다. 양식화와 자유는 몹시 상반된 용어로 다가오곤 합니다. 저 역시 자유로운 연기를 위해 어떤 틀에 바탕을 두는 양식화에 본능적인 거부감을 느껴왔기 때문입니다. 하지만 양식화의 의미로 자유를 추구한 드크루의 사상을 들여다보면서 그렇게 인식하게 되었습니다. 저의 공연은 드크루의 사상과 기술에서 많은 영감을 받았고, 또한 저의 단점을 극복하고 있기 때문입니다. 드크루는 "오늘날의 극장을 어떻게 생각하는지"에 관한 질문의 답으로 진정한 자유를 "구속을 선택할 권리"라며 다음과 같이 언급합니다.

평범함을 벗어나기 위해, 배우는 손으로 걸어서 입장하고, 낙하산을 타고 하늘에서 떨어진다. 혹은 누드로 입장하고, 그렇게 하면 사람들은 놀라서 말한다. '이것은 혁명이다'라고. 그러나 나는 그렇게 생각하지 않는다. 혁명은 구조적이다. 활동적이다. 일어서는 것이다. 어떤 종류든지 혁명을 만드는 것은 에너지다. 그리고 사람은 이것을 위해 순교해야 한다. 혁명은 구속으로부터의 자유가 아니다. 구속으로부터의 변화다. 혁명은 나쁜 의무에서 벗어나 더 나은 다른 의무로 적용해 나가는 것이다. 심지어 자유는 구속을 선택할 권리하고 말할 수 있다. 이것이 자유다.[65]

그는 또한 오늘날의 새로운 방식뿐인 연극에 대하여 경고합니다. 스포츠를 예로 들면서, 연극의 희곡과 배우를 스포츠의 규칙과 선수로 표현하며 오늘날의 연극에 대해서 우려합니다. 드크루는 라신과 셰익피어의 희곡을 스포츠의 규칙으로, 배우를 선수로 바라봅니다. 배우의 기량이 연극의 그 무엇보다도 중요했던 드크루는 다음과 같이 말합니다.

오늘날의 (연극의) 해악은 방향이 대재해로 가고 있다는 것이다. 프랑스에서 라신을 택하든지, 다른 나라에서 셰익스피어를 선택할 때, 사람들은 그것을 새로운 방식으로 어떻게 제작하느냐를 스스로 요구한다. 왜 새롭게 해야 하는가? 이것은 데카당스(퇴폐)의 신호 중 하나인 것이다. (...) 스포츠를 보자. 스포츠의 규칙은 항상 똑같다. 그러나 운동선수는 항상 같지 않다. 어떤 이는 다른 사람

---

footnote
65 *Mime Journal*, No 7 and 8, p. 22.

보다 더 빨리 뛴다. 어떤 축구 선수는 다른 사람보다 더 잘한다. 우리는 이런 것을 말한다. 그러나 규칙은 항상 같다. 사람들이 축구가 나쁘다며, 규칙을 바꾸길 원한다면, 개혁가로서 평판을 얻으려는 누군가가 실지로 노력할 것이다. 이것이 내가 생각하는 것이다.[66]

드크루는 결국 배우의 훈련을 강조합니다. 그는 자신이 끊임없이 훈련하고 노력했던 것처럼 배우에게 지속적이고 강도 높은 훈련을 강요합니다. 그가 생각하는 배우는 무엇인가를 배우는 사람 그 자체였기 때문입니다.

... 사람들이 무엇을 말하든지 행동하든지 간에, 거기에는 어떤 밑바닥이 있다. 그 밑바닥의 어떤 것이 작업이다. 그리고 그 작업은 움직임을 휘젓는 것이 아니다. 작업은 훈련이다. 다른 사람이 이미 발견한 것을 배우는 것이다.
충분히 전형적인, 에로티시즘을 보자. 우리는 정숙함의 이득이나 불편을 품고 정숙한 삶을 살아야 하는 세상에 존재한다. 우리는 모든 것이 이득과 불리함을 함께 지닌다는 것을 알고, 만약 어떤 것을 제거하려 한다면, 또한 불리함을 가진 어떤 다른 것으로 대치해야 한다는 것을 안다. 단지 이득만 지닌 것은 없다. 우리는 어떤 정숙한 관념을 가지고 기독교 나라에서 살고 있다. 예로, 가톨릭교회를 보면, 순결의 맹세를 한다. 개신교는 더욱 순결에, 극단

---

[66] *Mime Journal*, No 7 and 8, pp. 22-23.

적인 순결에, 최고로 발달한 형태에 있는 순결에 기댄다. 만약, 갑자기 이러한 상황이 바뀐다면, 갑자기 삼가기에서, 방탕으로 바뀐다면, 틀림없이 놀랄 것이다. 그리고 사람들은 말할 것이다. "이것은 대변동이다. 전혀 다른 세상이 되고 있다." 아니다. 나는 믿지 않는다. 나는 이십 대 때 두 시인이 쓴 불어 운문법에 관한 책을 읽었다. 이 책의 한 부분에서, 작가는 말했다. "우리는 어떻게 운문법 안에서 데카당스를 인식할 수 있는가?" 작가는 시(詩) 안에서, 데카당스에 관해 언급하지 않았다. 단지 운문법에 관해서, 혹은 운문법의 구조에 관해서 언급할 뿐이었다. 작가는 질문하고 대답했다. "데카당스는 발생한다. 하나의 규칙이 다른 것으로 대치되지 못한 채 폐지되었을 때"[67]

드크루가 생각하는 자유는 또 다른 구속이며, 예술에서의 자유란 하나의 구속을 선택하는 것입니다. 즉, 그는 자유를 "구속을 선택할 권리"로 보았고, 그 결과 배우에게 멜로드라마의 구속에서 코포럴마임으로 대치할 것을 제시하였습니다. 멜로드라마의 장식적인 대사에서 벗어나고, 굳어있는 몸에서 해방되기 위해서 드크루는 마임의 기본문법을 체계화한 것입니다. 그리고 그는 코포럴마임으로 몸의 언어의 첫발을 내디뎠습니다. 현재 드크루의 학교 선생들과 졸업생들로 구성된 <미친천사> 극단은 고골리의 「검찰관」을 대사를 포함한 몸짓으로 공연합니다. 이는 코포럴마임이 몸의 연극임을 증명하는 것이라 할 수 있습니다. 우리나라에서도 연극원과 몇몇 대학에서 학생 배우들이 움직임 수업으로 코포럴마임

---

[67] *Mime Journal*, No 7 and 8, p. 23.

을 익힙니다. 코포럴마임은, 양식화된 연기로써 자유를 위한 배우의 선택으로 이미 활용되고 있습니다.

바르바는 연극 인류학을 "배우에 관한, 배우를 위한 연구"라고 하면서 "배우의 자유를 확장할 수 있을 때 유용"하다고 주장합니다.[68] 그는 동서양 연극의 구분을 버리고 북극, 남극의 배우라는 용어로 배우의 자유에 관해서 언급합니다. 바르바는 남, 북극 배우의 자유를 확장할 수 있는 회귀 원칙을 연극 인류학에서 다음과 같이 밝힙니다.

'북극 배우는 겉보기에 덜 자유롭고, 양식 혹은 약호화된 장르를 규정하는 잘 증명된 규칙들의 체계에 근거하여 그들의 무대적 행동을 만들어낸다.' 또한 '북극 배우의 수련은 비개성화에서 시작한다.' 그러나 이러한 배우는 '관객의 주의를 끄는 현존의 특질을 소유'하고 있으며 '우리의 감각을 사로잡는 에너지의 방사'가 일어난다.[69]
반면 남극 배우는 세부적으로 양식화된 약호에 의해 특징지어지는 공연 장르에 속하지 않는다. 그래서 겉보기에 더 자유롭게 보이지만 조리 있고 변함없는 방법으로 무대적 기술을 발전시키기에는 더 어렵다. 결여와 독단의 연기에 갇히기 쉽게 되는 것이다.[70]

---

68 유제니오 바르바, p. 29.
69 유제니오 바르바, p. 33.
70 유제니오 바르바, p. 30.

배우의 자유에 대하여, 김윤철은 드크루나 바르바와 같은 결론을 말하며, 한국 연기를 평한 바 있습니다. 그는 한국 배우에게 "대체로 형식에 관한 연구가 부족"[71]함을 지적하며, 유럽의 배우들은 걸음걸이·자세·표정·제스처 등으로 성격의 외곽을 합당하게 구축하는 형식미를 추구하는 데 비해, 한국은 연극의 공연 논리이자 문법인 양식에 관한 교육 프로그램이 빈약하고, 독학을 통해서라도 스타일을 숙달하는 배우도 없으므로, 결국 한국 배우들이 자기표현을 뛰어넘지 못한다고 언급합니다. 그는 "양식에 대한 훈련을 통해서 극의 논리와 문법에 연기를 맞출 수 있을 때, 한국 연기의 예술성은 인정받을 수 있"[72]게 될 것이라고 강조합니다. 한국 연극의 희망은 "배우가 자유를 획득해서 연극의 중심 기호로서의 위상을 회복할 때인데, 배우가 역할 안에서 자유를 실현하기 위해서는 작품과 역할을 지적으로 탐구하고, 합당한 형식과 양식을 발견하려는 고통스러운 창조작업을 거친 후에야 얻을 수 있"다고 결론짓습니다.[73]

유럽의 배우인 드크루에게 고통스러운 창조 작업의 결과는 코포럴 마임입니다. 이 코포럴마임은 배우 본성의 확장이며, 또 다른 규칙으로써 자유입니다. 이 자유는 "파스칼이 말한 기하학적 정신(geometric spirit)"을 바탕으로 합니다. 드크루는 마임을 배우는 학생에게 다음과 같이 강조합니다.

---

71 김윤철, p. 475.
72 김윤철, p. 477.
73 김윤철, p. 477.

기하학적 정신을 종종 과학적인 정신과 혼동하기도 합니다. 무엇이 과학이고 무엇이 예술일까요?

예술은 자신이 받은 인상을 세밀하게 이야기하는 것입니다. 과학 안에는 우리가 경외하는 외적인 힘이 있다는 데 아마 우리 대부분이 동의할 겁니다. 잠을 설친 사람의 영역은 숙면한 이의 그것과 같습니다. 우리의 예술 안에는 이러한 기하학적 정신과 시적인 기교의 가치가 동시에 있어야 합니다. 예술가는 그의 고통을 울부짖음이 아닌 언어로 표현해야 합니다.

시인들은 그들 나름의 언어가 있습니다. 그들의 울부짖음은 끓는 액체와 같지만, 그 액체는 가느다란 관을 통과하면서 언어가 됩니다. 이것이 바로 학생들이 우선 배워야 하는 점입니다. 단순히 울부짖는 것이 아니라 정교한 기하학적 관을 통해서 울부짖어야 합니다. 이외에도 학생들은 그의 몸에 관해서 배워야 합니다. 오른쪽은 무엇이고, 왼쪽은 무엇인지, 수직과 수평은 무엇인지, 머리와 다리는 무엇인지, 배워야 합니다. 학생들은 그의 몸을 하나의 척도로 생각해야 하며 그의 몸이 공간을 채우고 공간이 그의 몸으로 채워진다는 개념을 익혀야 합니다. 이것은 매우 중요한 사항이며 하찮게 여겨서는 안 됩니다.

만약 누군가가 이렇게 규칙을 세워 거기에 복종하는 것이 시적 감성의 탄생과 발달을 가로막는다고 말한다면 니는 시작법과 관련한 여러 규범을 보라고 말할 것입니다. 그들의 고통을 가지고 우리를 감동하게 한 모든 위대한 시인은 그들 내장에서 나오는 울부짖음이 아니라 그들이 배운 언어로 그들의 고통을 표현하였습니다. 음악도 마찬가지로. 가장 기교가 뛰어난 예술이란 우리의 영혼

을 가장 충실하게 보여주는 데 성공한 예술을 뜻합니다.[74]

이렇듯 드크루의 코포럴마임은 기하학적 정신을 바탕으로 한 몸의 기술을 강조합니다. 따라서 그의 기하학적 정신이 이상적으로 구현되기 위해서는 이것이 제2의 천성이 되어야 합니다. 그는 계산된 음악이 인간의 정서를 가장 잘 담은 위대한 예술 중의 하나라는 예를 들면서, 코포럴마임은 몸을 수학적으로 디자인하며 계속해서 몸을 탐구하는 과정이었다고 말합니다. 남긍호, 윤종연은 기하학적 정신에 관해 다음과 같이 정리합니다.

> 그는 자연스러운 몸의 움직임을 원하지 않았다. 마임의 움직임은 화학에서 쓰는 방식이며, 회화나 모든 조형예술에서 쓰는 방법으로 행해져야 한다고 말한다. 심지어 드크루는 배우의 몸을 피아노 악기에 비유하며 마임 배우가 자기 몸을 움직일 때, 마치 피아니스트가 건반을 두드리듯이 몸의 각 부분(머리, 목, 가슴, 몸통, 손, 팔)을 분절하고 조합하며 그 스스로 몸으로 그림을 그릴 수 있어야 하고, 그의 고통을 울부짖음이 아닌 기하학적 관을 통한 언어로 표현해야 한다고 말한다.[75]

윗글에서 '화학에서 쓰는 방식'이란 내면의 뜨거움이 외면의 차가움으로 표현되는 방식을 의미합니다. 내면의 울부짖음이 기술로 표현되는

---

[74] *Mime Journal*, No 7 and 8, pp. 60-61.
[75] 남긍호, 윤종연, p. 2.

것입니다. 이러한 기술이 코포럴마임이고, 이것은 드크루에게 음악과 미술과 시의 언어와 마찬가지였습니다. 피아니스트의 기술이 뛰어날수록 음악의 표현이 풍부하듯, 몸의 기술이 많으면 많을수록 배우는 자유롭게 된다고 강조합니다. 당시 시대정신은 과학의 힘을 찬양하며, 자신이 곧 창조자가 되어 새로운 무엇인가를 창조하는 것이었습니다. 드크루의 창조는 몸을 세분화하여 분절하고, 몸의 한계를 극복하고, 몸을 단련하여, 마침내 몸을 통한 인간성의 회복이었습니다. 드크루가 창조한 코포럴마임은 자신의 자유를 실현한 것이라 하겠습니다.

오늘날 우리의 시대정신은 무엇일까요? 21세기는 몸을 주시합니다. 과거 주된 담론에서 제외되어온 몸이, 예술 분야에서 소외되어왔던 몸짓이 부각되었습니다. 왜 그럴까요? 정신이 아닌 몸이 세상을 자유롭게 하리라는 현상을 인식했기 때문은 아닐까 생각합니다.

이러한 현상은 사회의 다양한 분야에서 찾아볼 수 있고, 감동적인 한 사례로 영국의 대안학교인 서머힐에서 발생한 일입니다. 약 10세 되는 학생이 전학을 왔습니다. 이 학생은 혼자 있으면 무엇이든지 불을 질렀고, 그러한 이유로 전에 다니던 학교에서 퇴학당했습니다. 서머힐에서는 이 소년에게 왜 불을 내는지를 물었지만, 소년은 아무 말도 하지 않았고, 학교 측도 다그치지 않았습니다. 단지 말하고 싶을 때 말해달라고 했습니다. 소년은 계속 불을 내다가 어느 날 선생님을 찾아와 "내 고추를 만져도 돼요?"라고 말했습니다. 선생님은 자기 성기를 만지는 것은 당연하고, 가장 자연스러운 것이라고 말했습니다. 그 이후로 소년은 불을 지르지 않았으며 다른 아이들과 사이좋게 잘 지냈다고 합니다.

포스트모더니즘은 근대성의 논리 중심적 경향, 특히 이원론, 자아 중심주의, 시각 중심주의, 남근 중심주의로 점철된 데카르트의 신체 배제적 코기토의 유산에 대해 분명한 반론을 제기합니다. 몸(또는 살)은 우리 행동과 생각의 모든 것과 연관되어 있습니다. 따라서 몸 또는 살은 사회적이고 자연적이며 인공적인 세계에서 우리 존재의 참된 시원적 형태입니다. 몸은 문화와 자연 그리고 인공의 세계에 거주하는 존재입니다. 몸의 사유는 기존의 <남자가 만물의 척도>라는 생각을 비판하고 바꾸게 만듭니다.[76]

포스트모더니즘 이전의 정신만을 추구한 세계에서 이제는 억압된 몸의 회복이 요구됩니다. 이것은 작금에 벌어지는 몸의 상품화에 관한 대안이기도 합니다. 이러한 포스트모더니즘의 몸으로 사유하기는 이미지화되어 가는 공연예술에서 절대적 가치가 되었습니다. 이에 우리의 시대 정신은 억압된 몸에서 자유로워지는 것. 그럼으로써 남녀가 차별 없이 자유롭게 살아가고, 타자로서의 자연이 아닌, 나와 한 몸으로서의 지구를 인식하고, 파괴되어 가는 생태를 살려내는 것이라 할 수 있습니다.

현재의 시대 정신은 몸짓의 예술인 마임과 조우합니다. 마임은 다시금 공연예술의 주요한 바탕으로 자리 잡습니다. 마임은 몸을 확장하는 배우의 몸 예술로서 몸의 자유를, 해방을 추구하기 때문입니다. 우리 시대의 마임은 자기 몸을 회복하고, 타자의 몸을 해방하며, 생태를 살리는 예술의 기본입니다. 마임은 바로 몸 연극의 본질이며, 연극의 중심 언어로써 배우의 몸은 마임이라는 양식화된 기호를 통해서 자유로 나아갈

---

[76] 정화열, p. 10.

수 있습니다. 그러므로 배우에게 양식화 연기의 의미는 자유의 추구와 일치합니다.

4. 나가며

본 논고는 마임(연기)의 양식화 연기를 통해서, 배우의 몸이 중심 언어가 되는 연기의 의미를 탐색하였습니다. 몸은 지역마다 관습과 언어를 뛰어넘는 보편적 표현 수단입니다. 언어의 제약에서 벗어나는 몸의 연기에 관한 모색은 한국 연극이 세계 연극과 네트워크를 형성하는 데 이바지할 것입니다.

오늘날의 연극은 대사 중심인 언어 연극과 신체 중심의 이미지 연극으로 양극화되어 있습니다. 여전히 정신과 육체는 이분법으로 나뉩니다. 본 연구는 이에 관한 대안으로써, 마임을 통하여 연극적인 언어와 신체 언어를 재발견하고자 하였습니다. 현대 마임은 연극적인 언어와 신체적인 언어가 하나가 되는 몸 연극을 추구하며, 몸과 언어의 확장을 향하여 나아가고 있습니다.

마임의 양식화된 연기에서 찾고자 하는 것은 몇몇 양식화의 진정한 의미를 타령하자는 것이 아니라, 배우의 연극에 관한 한 가지 모색이며 제안입니다. 배우의 연극은 배우가 전 인생과 지성과 감성과 몸을 바쳐 연기하는 것[77]입니다. 배우들은 모방에서 이미지로, 육체에서 몸으

---

[77] 김방옥, 『열린 연극의 미학』, p. 440.

로 이끄는 마임을 통해 배우 예술을 실현하는 자신의 길을 발견할 수 있습니다.

김용옥은 한국인의 미학 개념을 '마당'으로 이해하고, 춤과 음악과 연극의 융합을, 그리고 느낌을 마당의 본질적 측면으로 봅니다. 이 마당의 본질적 측면, 즉 융합된 원칙을 저는 마임이라 생각합니다. 김용옥은 마당의 중요한 요소를 다음과 같이 서술합니다.

우리의 연극론의 중심은 플로트도 아니요, 성격도 아니다. 그것은 바로 **느낌**의 강조인 것이다. 이 "느낌" 중심의 연극은 바로 연기자와 관중 사이의 기의 교감에서 이루어지는 것이며, 이것은 철저히 상황적이며, 생성적이며, 또 이것은 오로지 춤과 음악과 연극(말)의 미분 즉 융합에서만 완성되는 것이다. 이것은 우리가 "마당"개념을 이해하는 데 가장 본질적 측면이 되는 것이다.[78]

마임은 춤과 음악과 연극에서 가장 근본적인 운용 원리인 몸의 예술이며, 느낌을 형상화하는 장르입니다. 느낌은 시(詩)가 되고, 시는 세계를 환기합니다. 곧 마당은 시가 되며 마임이 됩니다. 이러한 까닭에 마임은 연극의 근원이 되며, 시를 향하는 마임의 길이 우리의 연극을 추구하는 것이라 생각합니다.

우리 민족은 전통적으로 드라마보다 시를 사랑했습니다. 한국의 미적 전통은 시 쓰기였던 조선시대의 과거시험에서 극명하게 나타납니다.

---

[78] 김용옥, p. 38.

탈춤과 판소리에서 연극적인 요소를 찾는 것도 중요하지만, 드라마적인 요소에서 벗어나, 굿·탈춤·판소리의 차이와 반복적인 시적 요소의 발굴 역시 절실한 연구가 아닐까 생각합니다. 또한 너무나 풍부한 자원인 전통 한시와 시조, 오도송, 선승들의 시 등은 승화된 예술을 맛볼 수 있는 우리의 보고입니다. 우리의 예술적 자산은 마임과 양식화된 연기와 맞닿아 있습니다. 이것을 통해서 우리는 우리만의 독특한 연극을 창조할 수 있습니다. 배우의 근본적인 운용 원리가 되는 예술, 즉 마임은 우리의 연극 개혁을 위한 한 길이 될 것입니다.

인간의 몸은 하나의 완전한 질료입니다. 인간의 몸으로 표현되는 마임은 본질적으로 시(詩)입니다. 마임은 몸으로 이미지를 만들면서 창조되는 시의 예술입니다.

시는 서정성이 두드러집니다. 시는 풍부한 이미지를 표현하며, 직선적인 연결 고리로 전개되는, 변증법적 전개인 드라마보다 자유롭습니다. 시는 몽타주 방식인 이미지입니다. 시는 설명하고 결론짓는 드라마에서 해방되어 있고, 주제를 반복하며 차이를 나타내면서 의미와 메시지를 풍부하게 합니다. 시는 독자가 자율적으로 연상하게 합니다. 시는 현실의 재현이 아니라, 현실을 초극하는 언어입니다.

마임은 배우의 몸을 통해서 현실을 초극합니다. 마임은 일상의 관습화되어 있는 몸짓을 넘어서는 몸짓, 진정한 양식의 몸짓을 형상화합니다. 관객은 이러한 마임을 통해 타락하고, 상품화되었던 몸의 숭고함을 느낍니다. 보이지 않았던 세계가 건강한 배우의 몸을 통해서 관객은 시각적인 느낌으로 치유를 체험합니다.

현시대의 마임은 배우의 양식화 몸짓을 통하여 자기 몸을 회복하고, 타자의 몸을 해방하며, 생태를 살리는 장르적 의미가 있다고 하겠습니다.

몸은 배우의 처음이자 끝입니다. 진정한 양식은 배우의 몸을 다양한 목소리와 움직임으로 인도하여 창조적인 연기에 이를 수 있도록 인도합니다. 마임, 양식화된 연기는 (지친) 배우에게 자신을 조절하는 기술을 선사합니다. 진정한 양식화된 연기는 배우에게 건강을, 한정된 표현에서 다양한 형상화의 길을 제시합니다. 이를 위해 배우는 몸의 양식을 지속해서 공부하고 연구해야 할 것입니다. 하지만 양식화의 몸짓에 너무 얽매이는 것도 경계해야 합니다. "수영을 잘하는 사람은 물을 잊는다."(善遊者數能, 忘水也『莊子 達生』) 배우는 몸의 기술을 습득하여, 양식을 익히고, 몸의 본질을 탐구하여 몸과 본성이 확장되어야 하지만, 그 모든 것이 하나가 된 배우는 모든 기술, 양식을 잊고 연기합니다. 이것은 리얼리즘 연기 방식에서 인물의 전사와 대사 분석에 충분히 다가가도록 노력한 후, 무대에 올라서서 연기를 할 때는 순간, 그 순간을 살아있기 위해서, 지금 이 순간의 연기만 생각하는 것과 같다고 하겠습니다.

역사학자 강만길은 "역사는 이상의 현실화 과정이다"라고 말합니다. 역사란 말을 연극이라는 말로, 더 나아가 연기라는 단어로 대치해 봅니다. 연기는 '이상의 현실화 과정'이라고 생각합니다. 배우는 이상과 의지의 행동으로 연기합니다. 연기는 행동하고 행동하는 몸짓의 기술이 아닐까... 배우는 자신의 연기에 한계를 두지 말고, 지속해서 자신의 연기를 연구하며, 그것은 지치지 말 일입니다. 가난한 시인 박재삼은 노래합니다.

천년 전에 하던 장난을

바람은

아직도 하고 있다.

그러니 지치지 말 일이다.

사람아 사람아

| 마임 서적 소개 |

마임에 관한 국내 서적으로는 예니출판사의 『판토마임 예술: 마르셀 마르소와 헬베르 이에링의 대담』과 현대미학사에서 출판한 『모던마임과 포스트모던마임』이 있습니다.

『판토마임 예술: 마르셀 마르소와 헬베르 이에링의 대담』은 심우성의 번역으로 마르소가 주장하는 판토마임에 대한 철학과 그의 공연을 상세하게 다룹니다. 저는 이 책을 통해서 마임에 입문하게 되었습니다.

『모던마임과 포스트모던마임』은 평론가 한상철의 소개로 그의 제자 박윤정이 번역하였습니다. 원본은 토머스 리브하트(Thomas Leabhart)의 *Modern and Post-Modern Mime*입니다. 번역 과정에서 한국마임협의회 회원들과 몇 차례 회의했는데, 이 또한 제가 『마임노트』를 쓰기 시작한 계기가 되어주었습니다. 이 두 서적은 저의 마임 공연과 마임 공부에 큰 영향을 끼쳤습니다.

드크루에 관한 자료는 리브하트의 *Mime Journal*과 드크루의 *words on mime*을 참조하였습니다.* 국내에는 아쉽지만 아직 번역본이 없습니다. 대신 드크루의 학교를 졸업한 국내의 마임 배우가 다수 있고, 그들의 공연과 글을 통해 드크루의 대표작들을 감상하며 그의 사상을 경험할 수 있습니다.

한국 마임의 평론으로는 안치운의 『연극제도와 연극읽기』, 『연극 반연극 비연극』에 실려 있습니다. 90년대 한국 마임과 한국 마임 배우들의 흐름, 그리고 마임과 연기에 관한 평론가 안치운의 깊은 사유를 읽을 수 있습니다.

그리고 예니출판사의 Claude Kipnis 저, 박희태 옮김, 『마임 북』이 있습니다. 이 책은 마임에 관한 기초 지식과 테크닉을 사진과 함께 상세하게 소개합니다. 배우뿐 아니라 연기에 관심을 두는 분들에게 필수적인 참고서라 생각합니다.

최근에는 자끄 르콕에 관한 서적이 두 권 출간되었습니다.

르콕의 학교를 졸업하고 움직임 교수로 학생들을 가르치며 활발한 연출 활동을 하는 임도완의 『움직임, 마임, 판토마임』은 르콕에 대한 구체적인 내용과 더불어 마임과 판토마임 그리고 배우의 움직임, 프랑수아 델사르트(Francois Delsarte)의 이론, 한국 마임에 관해 서술합니다.

---

* 드크루 학교를 졸업한 윤종연 몸꼴대표에게 받은 책입니다. 감사함을 표합니다.

그리고 역시 르콕의 학교를 졸업한 후 교수로 재직하며 공연 활동과 연출에 매진하고 있는 유진우는 자끄 르콕이 저술한『몸으로 쓰는 시』를 번역, 출판하였습니다. 이 책은 르콕의 사상과 교육 방법론 등을 상세하게 담았습니다.

한국 마임의 역사를 연구한 서적으로는 양미숙의『한국마임발달사』가 있습니다. 한국의 전통에 나타난 마임의 요소와 무언극 공연을 탐구하고, 서양의 판토마임이 한국으로 수용되는 발자취와 한국 마임의 발달 양상을 살핍니다.

그리고 마임 배우로서 자신의 발자취를 구술한 유진규의『내가 가면 그게 길이지』, 신체 훈련·대본 등을 엮은 최규호의『최규호의 마임 이야기』가 있습니다.

이 외에도 마임에 관한 국내외 서적들을 「참고문헌」에 밝힙니다. 하지만 미처 소개하지 못한 귀중한 마임 서적이 많이 있겠고, 마임과 연관된 서적은 계속 출판되고 있습니다. 요즘은 인터넷에서 공연 영상과 훈련들에 관한 희귀한 자료조차 어렵지 않게 찾을 수 있습니다. 더 깊은 관심이 있다면 인터넷을 활용하시면 되겠습니다.

| 참고문헌 |

Alan Levy, "A Week avec Lecoq", *Mime, Mask and Marionette*, vol. 1, 1978.

Alison Hodge, *Twentieth Century Actor Training*, Routledge, 2000.

Bari Rolfe (ed.), *Mimes on Miming*, Los Angeles: Panjandrum Books, n.d., 1977.

_____, "Magic Century of French Mime", *Mime, Mask, and Marionette*, vol. 1, 1978.

_____, "Masks, Mime and Mummenschanz", *Mime Journal*, vol. 2, 1975.

_____, "The Mime of Jacques Lecoq", *Drama Review*, vol. 16, no.1, 1972.

Colin Counsell, *Signs of Performance*, London: Routledge, 1996.

Dedre Sklar, "Etienne Decroux's Promethean Mime", *Acting (Re)considered*, London: Routledge, 2002.

Edward Braun, *Meyerhold on Theatre*, London: Bloomsbury, 1979.

Etienne Decroux, *Paroles sur le Mime*, Paris: Gallimard, 1963.

_____, *Words on Mime*, Librairie Théâtrale, 1977.

Francis McLean, "unpublished interview with Jacques Lecoq", tr. Francis McLean, Graham Valentin, 26 April 1980.

Henri(-Louis) Bergson, *L'Évolution créatrice*, 1907.

Jean Dorcy, *The Mime*, London: White Lion, 1975.

Jean-Louis Barrault, *Reflections on the Theatre*, tr. Barbara Wall, London: Rockliff, 1951.

M. Heidegger, *What is called Thinking?*, New York: Harper and Row, 1968.

Phillip B. Zarrilli, *Asian Martial Arts in Actor Training*, University of Wisconsin-Madison, 1993.

_____, *Acting (Re)considered: Theories and Practices*, London and New York: Routledge, 1995.

Richard Hornby, *The End of Acting*, Applause, 1992.

Sears A. Eldredge, Hollis W. Huston, "Actor Training in the Neutral Mask", *The Drama Review*, Volume 22, Issue 4, December 1978.

Stefan Niezialkowski, *Beyond the word*, Momentum Books, 1993.

Thomas Leabhart, *Modern and post-modern Mime*, Palgrave, 1989 Taschenbuch −15 September 1989.

Tony Montanaro, *MIME SPOKEN HERE*, Tilbury House, 1995.

E. 고든 크레이그, 『연극예술론』, 남상식 옮김, 현대미학사, 1999.

가스통 바슐라르, 『물과 꿈−물질적 상상력에 관한 시론』, 이가림 옮김, 문예출판사, 2020.

고병권, 『니체 천 개의 눈 천 개의 길』, 소명출판, 2001.

글렌 윌슨, 『공연예술심리학』, 김문환 옮김, 연극과인간, 2000.

김동완 외, 『오순택 연기수업−칼을 쥔 노배우』, 유아트, 2013.

김미혜, 남상식, 안치운, 이상면, 장인숙, 『20세기 전반기 유럽의 연출가들』, 연극과인간, 2000.

김방옥 외, 「우리의 연기, 어디까지 왔나」, 『연극평론』, 가을복간 6호, 통권 26호, 2002.

김방옥, 「몸의 연기론 (I)」, 『한국 연극학』, 제15호, 2000.

_____, 「몸의 연기론 (II)」, 『한국 연극학』, 제19호, 2002.

_____, 『21세기를 여는 연극: 몸 퍼포먼스 해체』, 연극과인간, 2003.

_____, 『열린 연극의 미학』, 문예마당, 1997.

김석만 편저, 『스타니슬라브스키 연극론』, 이론과실천, 1993.

김석만, 『인간의 마음을 사로잡는 연기의 세계』, 연극과인간, 2001.

김수기, 「연기와 성역할」, 『디오니소스』, 도서출판 동인, 1997.

_____, 『몸을 통한 연기훈련』, 도서출판 동인, 2007.

김용옥, 『아름다움과 추함』, 통나무, 2000.

김용철, 베로니카 겐즈, 「드크루 실연강의」, 연극원 연기과 드크루 특강 자료, 2004.

김우옥, 『실험과 도전으로서의 연극』, 월인, 2000.

김윤철, 『우리는 지금 추학의 시대로 가는가?』, 연극과인간, 2000.

김효, 「아르또와 몸」, 『한국연극학』, 제14집, 한국연극학회, 2000.

_____, 「코메디와 코믹」, 『외국문학연구』, 제5호, 1999.

_____, 「한국 연극사 기술에 관한 메타비평」, 『프랑스 문학의 지평』, 프랑스 학연구회 편, 월인, 2002.

끌로드 끼쁘니, 『마임 북』, 박희태 옮김, 예니, 1996.

남긍호, 윤종연, 「에띠엔느 드크루와 코퍼널마임」, 한국마임협의회 2002 세미나 발표.

남상식, 「브세볼로드 E. 메이에르홀드: 연극의 새로운 기능과 그 연기술」, 『20세기 전반기 유럽의 연출가들』, 연극과인간, 2001.

노이정, 「마리안느 므누슈킨 연극에 나타난 은유에 관한 연구」, 중앙대학교 석사논문, 1997.

닉 로우, 『당신의 이야기로 놀아드립니다 플레이백 시어터의 세계』, 김세준, 박성규 옮김, 비블리오드라마, 2009.

도라 칼프, 『도라 칼프의 모래놀이 - 융심리학적 치유법』, 이보섭 옮김, 학지사, 2012.

돈리처드 리스, 러스 허드슨, 『에니어그램의 지혜』, 주혜명 옮김, 한문화멀티
미디어, 2011.

드니 디드로, 『배우에 관한 역설』, 주미사 옮김, 문학과지성사, 2001.

로버트 베네데티, 「20세기의 연기예술」, 윤광진 옮김, 『한국연극』, 1986년 6
월, 8월 호.

마가렛 크로이든, 『20세기 실험극』, 송혜숙 옮김, 현대미학사, 1994.

맨프레드 브라운넥, 『20세기 연극-선언문, 양식, 개혁모델』, 김미혜, 이경미
옮김, 연극과인간, 2000.

메를로-퐁티, 『지각의 현상학』, 류의근 옮김, 문학과지성사, 2005.

미쉘 셍 드니, 『연기훈련』, 윤광진 옮김, 예니, 1997.

미야오 지료, 『아시아 무용의 인류학』, 심우성 옮김, 동문선, 2003.

미카엘 체홉, 『테크닉 연기』, 윤광진 옮김, 예니, 2000.

박준상, 『떨림과 열림-몸, 음악, 언어에 대한 시론』, 자음과모음, 2015.

방태수, 「에저또 집합 8년」, 『한국연극』, 1976년 1월 호.

베르톨트 브레히트, 『서사극 이론』, 김기선 옮김, 한마당, 1989.

브라이언 베이츠, 『배우의 길』, 윤광진 옮김, 예니, 1998.

빅터 터너, 『제의에서 연극으로』, 이기우, 김익두 옮김, 현대미학사, 1996.

빠트리스 파비스, 『연극학 사전』, 신현숙, 윤학로 옮김, 현대미학사, 1999.

스즈키 타다시, 『스즈키 연극론』, 김의경 옮김, 현대미학사, 1994.

시도니 가브리엘 콜레트, 『방랑하는 여인』, 이지순 옮김, 지식을만드는지식, 2013.

심우성 편역, 『판토마임 예술-마르셀 마르소와 헬베르 이에링의 대담』, 예니,
1988.

심우성, 「마임이란 뜻의 우리말은 없을까?」, 1994년 한국마임페스티발 심포지엄.

아리스토텔레스, 『시학』, 천병희 옮김, 문예출판사, 1990.

안민수, 『연극연출』, 집문당, 2000.

안치운, 「마임, 상승하는가 추락하는가?」, 『연극제도와 연극읽기』, 문학과지성
　　사, 1996.

_____, 「몸의 어원학」, 『월간 문화예술』, 2000년 3월호.

_____, 「벗은 몸의 진실」, 『연극 반연극 비연극』, 솔출판사, 2002.

_____, 「연극과 춤: 배우, 몸, 표현」, 『연극의 이론과 비평』, 한예종 연극원
　　연극학과, 2000.

앙토넹 아르또, 『잔혹 연극론』, 박형섭 옮김, 현대미학사, 1994.

양미숙, 『한국마임발달사』, 엠-에드, 2002.

엄옥란, 「으제니오바르바의 연기론-연극인류학적 접근을 중심으로」, 중앙대
　　학교 석사논문, 1996.

여석기, 『동서연극의 비교연구』, 고려대학교 출판부, 1987.

오스카 G. 브로케트, 『연극개론』, 김윤철 옮김, 한신문화사, 2000.

우타 하겐, 『산연기』, 김윤철 옮김, 한신문화사, 2002.

유제니오 바르바, 『연극 인류학』, 안치운, 이준재 옮김, 문학과지성사, 2001.

유진규, 「나의 작업에서 본 한국의 현대마임」, 『예술세계』, 한국예총, 2003. 1.

이경식, 『아리스토텔레스의 시학과 신고전주의』, 서울대학교 출판부, 1997.

이남복, 『연극사회학』, 현대미학사, 1996.

이두성, 「공감공동체를 향한 자전적 스토리텔링 공연만들기 프로그램 연구」,
　　국민대학교 박사논문, 2011.

_____, 「마임공연 창작에 있어서 詩의 활용방법 연구」, 연극원 MFA 논문, 2003.

이미원, 『한국 근대극 연구』, 현대미학사, 1994.

이상우, 『동양미학론』, 시공사, 2002.

이영미, 『마당극양식의 원리와 특징』, 시공사, 2001.

이윤택, 「우리의 몸짓 연기」, 『연극평론』, 겨울 복간 3호, 통권 23호, 2001-2002.

이태주, 『연극은 무엇을 할 수 있는가』, 단대출판사, 1983.

이혜경, 『연극의 현실인식과 자의식』, 현대미학사, 1997.

장 베르데이, 「유럽과 아시아 연극의 인류학적 접근」, 아시아권 연극의 현황과 정체성에 관한 주제발표, 한국연극학회 추계국제학술 심포지엄, 2001. 11. 7.

정수연, 「보임에서 행함으로, 행함에서 삶으로」, 한국마임 심포지엄, 한양대 블랙박스 씨어터, 2012. 10. 13.

정재철 편, 『문화 연구 이론』, 한나래, 1998.

정화열, 『몸의 정치』, 박현모 옮김, 민음사, 1999.

제리 L. 크로포드, 조안 스나이더, 『연기』, 양광남 옮김, 예하, 1999.

조성진, 「드크루 귀신을 불러내는 말굿」, 『예술세계』, 한국예총, 2003. 1.

진조복, 『동양화의 이해』, 김상철 옮김, 시각과언어, 1999.

최재천, 「생태학적으로 본 예술의 기원」, 웅천 박물관 특강, 2015.

켄 윌버, 『켄윌버의 통합명상』, 김명권, 김혜옥, 박윤정 옮김, 김영사, 2020.

크리스토퍼 인네스, 『아방가르드 연극의 흐름』, 김미혜 옮김, 1997.

테리 호즈슨, 『연극용어사전』, 김익두 옮김, 한국문화사, 1998.

토머스 리브하트, 『모던마임과 포스트모던마임』, 박윤정 옮김, 현대미학사, 1998.

폴 발레리 외, 『신체의 미학』, 심우성 편역, 현대미학, 2013.

피터 브룩, 『빈 공간』, 김선 옮김, 청하, 1989.

한상철, 『한국연극의 쟁점과 반성』, 현대미학사, 1994.

_____, 『현대극의 상황과 한국연극』, 현대미학사, 2008.

허영일, 『민족 무용학』, 시공사, 1999.

황수영, 『물질과 기억-시간의 지층을 탐험하는 이미지와 기억의 미학』, 그린 비 출판사, 2018.

황인성, 「구조주의와 기호학 그리고 문화연구」, 정재철 편저, 『문화 연구 이론』, 한나래, 1998.

CASSELL COMPANION TO THEATRE, British Library, 1999.

Drama Review, vol. 16, no. 1, 1972.

Mime Journal, No 2, 1975.

_____, No 5, 1977.

_____, Etienne Decroux 80th Birthday Issue, No 7 and 8, 1978.

_____, Etienne Decroux, "Words on Mime", 1985.

「마임」 1991년 1~6월, 1992년 1월, 마임협의회보.

「안치운과 스테판의 대담, "뉴 마임은 마임이 아니다"」, 『객석』, 1996년 7월호.

『한국연극』, 1992년 1월호.

네이버 지식 백과사전 https://dict.naver.com

위키 백과사전 https://ko.wikipedia.org

지은이 **이두성**

배우, 연극치료사.

대표작 「새·새·새」, 「아름다움과 함께 걷기를」, 「산다는 것은 나비처럼 내려앉는 것 어찌되었든」 등으로 춘천마임축제, 일본마임축제, 수원성축제, 공주아시아1인극제, 과천한마당, 의정부음악극, 전국연극제(청주, 울산, 공주), 안산거리축제, 서울거리예술축제 등 초청공연.

전) 한국마임협의회 회장

전) 한예종 연극원 객원교수 / 한동대, 용인대, 경성대 초빙교수 / 한양대 겸임교수

마임노트 몸-가난한 풍요

초판 1쇄 발행일 2023년 8월 25일

이두성 지음

발 행 인	이성모
발 행 처	도서출판 동인 / 서울특별시 종로구 혜화로3길 5, 118호
등록번호	제1-1599호
대표전화	(02) 765-7145 / FAX (02) 765-7165
홈페이지	www.donginbook.co.kr
이 메 일	donginpub@naver.com
I S B N	978-89-5506-915-0 (93680)
정 가	18,000원

※ 잘못 만들어진 책은 바꾸어 드립니다.